まちは しずかに あゆみだす

―3.11後の21章―

中日新聞編集局 編

秋田へ
秋田新幹線
大曲
青森県
新青森へ
秋田県
盛岡
岩手県
北上市
北上
田野畑村
宮古市
奥州市
一ノ関
大槌町
城県
釜石市
陸前高田市
大船渡市
気仙沼市
南三陸町
松島市
広田半島
石巻市
石巻湾
女川町
出島
牡鹿半島
W
N
S
E

新潟県
山形県
新庄
天童市
山形
山形新幹線
米沢
宮
仙台市
青葉区
福島県
仙台
東北新幹線
会津
若松市
福島市
若林区
岩沼市
福島
松島湾
宮戸
郡山市
二本松市
須賀川市
川俣町
栃木県
郡山
相馬市
←東京へ
南相馬市
浦尻
小高区
浪江町
福島第一原発
いわき市
茨城県

まえがき

被災した人たちが教えること

以前は街の中心部だったろうに、ほとんどの建物は消えてなくなり、土地のあちこちに瓦礫《がれき》が積み上げられていた。春の青空は広がっていても、吹く風は寒々しかった。

二〇一一（平成二十三）年三月十一日の東日本大震災から一カ月後、私も被災地を見て回った。ある街で初老の夫婦が瓦礫の中から何かを探すように歩いている場面に出合ったときだ。私の視線に気づいた男性が声をかけてきた。「おたくも…誰かを探しているのかね」

彼は独り言のように事情を語った。役所勤めの息子の行方がまだ分からない。津波が来るからと避難を呼びかけているうちに流されたらしい。

「せめて服か靴でも見つからないかと」

聞きながら、私は阪神大震災の遺族を連想した。やはり息子を失った父親で、何年経っても息子の思い出話になると笑顔が途中で消えて、泣いた。「時とともに悲しみは薄らぐ、なんてウソだね。むしろ逆だ」という言葉は忘れられない。行方不明の息子を探すこの父親もまた、深い悲しみをずっと背負っていくのだろうと思えば、返す言葉が容易に見つからなかった。

人間は忘れやすい。どんなに悲しい出来事も、わが事でないと私たちの記憶と想像力は衰える。あるいは先の遺族の言葉と全く逆に「これだけ時間が経《た》ったのだから」などと思ってしまうことさえある。

こうした風化を少しでも食い止めようと、中日新聞は震災二年後に連載を始めた。毎月一度、被災地の人たちの暮らしや思いを五回にわたって伝えた。「三年目の被災地から」という副題で、その後も「四年目」「五年目」とつないだ。その中から二十一話を紹介したのが、この本である。

文章を書く習慣のなかった女性が、行方不明の夫に宛てて、カレンダーの裏を使った手紙を書き続ける。ある警察官は被災した人と話をするとき、津波や家族の死を自分からは切り出さず、相手が話し始めたら最後まで聞いている。「人それぞれのあの日、あの時があるから」と言う。大切な肉親や友人を失った傷は容易には癒やされないのだ。

福島の原発事故の影響も考えさせる。別の小学校を間借りして学ぶ児童は作文で書いた。「前みたいに大きな森で　たくさんたくさん遊びたい」「帰れないけど　帰りたい」。ある子どもの父は避難生活の中で「震災関連死」した。

このような悲しみや苦しさの中でも、漁師たちは互いの漁の準備を手伝う伝統の「結い」を今も守る。食やスポーツを大事にする人たちがいれば、文化財の保存や思い出の写真の修復、さらには巡礼に心をこめる人たちがいる。それは、人らしい営みとは何か、人が生きていくのに大事なことは何かを教えてくれるようだ。

エルファロ（スペイン語で灯台）という名の宿も登場する。街に希望をともし続ける話だ。思えば、被災した人たちの生きる姿も、私たちや世の中にとっての、大事な灯台ではないか。人間の悲しさや苦しみ、はかなさを伝え、一方で人の尊さを照らしてくれる灯台である。少しでも多く、長く、それぞれの命の光をともし続けてほしいと、願わずにはいられない。

つらい思いの中にあっても、記者たちにさまざまなお話をしていただいた多くの方々に、心より感謝を申しあげます。

二〇一六(平成二十八)年三月

中日新聞編集局長

臼田信行

まちは しずかに あゆみだす

―3・11後の21章―

登場人物の年齢、肩書きなどは新聞掲載当時のものです。

くぐなり日記

2013年4月掲載

1

——希望の桜

東北の長い冬に終わりを告げるように、桜の若木が薄いピンク色の花をちらほらと咲かせた。二〇一三年二月十三日の土曜日、宮城県石巻市十八成浜《くぐなり》の仮設住宅で、即席の花見が始まった。

「三月に植えたばっかだから、今年は咲かねえと思ったけど」「じっくり桜を見たの、いつ以来だ」。お年寄りばかりが目立つ仮設住宅の敷地が、しばし華やいだ。

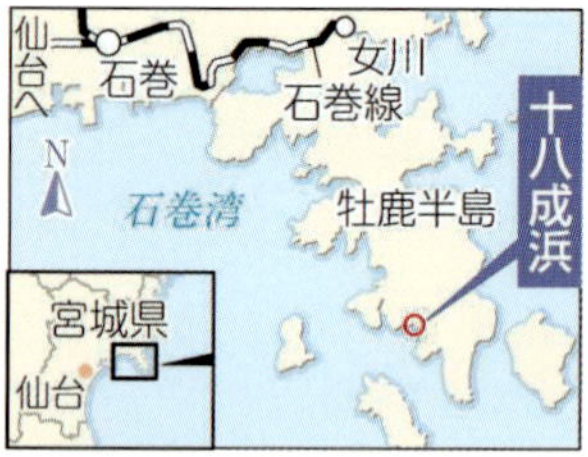

十八成浜は、市の中心部から三十キロ離れた牡鹿半島の低地にある。住民の多くはワカメやカキの養殖、民宿を生業《なりわい》としたが、東日本大震災が日常を奪った。百二十七戸のうち七割が津波に遭い、仮設では二十六世帯が暮らす。

「やっぱり、地元で暮らすのが一番だ。ここで死にてえ」。夫と二人暮らしの後藤ハルエさん(80)が言う。震災直後仙台市の次女の家に身を寄せ、娘から「このまま一緒に暮らそう」と懇願されたが、仮設ができるとすぐ十八成浜に戻ってきた。「ただ、若い子がすっかり少なくなってねえ」

津波は過疎も運んできた。震災前から六十五歳以上の高齢者が半数を占めていたが、若者や働き盛りの世代がいま次々と離れている。仮設に住む五十二人のうち、半数以上が八十代だ。

その中で、活気をもたらしてくれるのが、ボランティア。震災直後から十八成浜を支援している名古屋市の「愛知ボランティアセンター」のメンバーが、週末にバスでやってくる。仮設の集会所で手作り弁当を振る舞い、住民と交流する「くぐなり食堂」を開く。

仮設に咲いた桜も、愛知県豊田市の前林中学校の生徒たちが募金を元に贈ってくれたもの。「私たちがつらいのは津波で家も店も流され、町が茶色になっちゃったこと」。仮設でボランティアの窓口を務める阿部邦子さん（62）が語る。「だから小さな花でも、ピンクの色が戻ったのが本当にうれしんだ」

「来年も咲きなさいよ」。仮設住宅の人気者、小学二年の阿部さくらちゃん（7つ）が、まだ幹の細い桜の木を揺らしながら、おどけて言い聞かせる。「さくらちゃん。花散っちゃうぞ！」「いや、元気な子に触ってもらえば、木も元気になんべ」。周りのお年寄りから一斉に笑いが起きた。

桜のそばで交流する「愛知ボランティアセンター」と仮設住宅に住む人たち。
さくらちゃんも肩車で大喜び

――一歩ずつ幸せを形に

十八成浜から車で四十分離れた渡波《わたのは》地区に、愛知ボランティアセンターのメンバーが立ち寄る場所がある。四百年の歴史を誇り、東日本大震災で社殿が壊れた明《みょう》神社だ。

「昔から神社は人が集まる所だけど、宗教法人だから補修に役所の支援は受けらんねえ。ボランティアが頼り」。宮司の大国龍笙《りゅうしょう》さん（66）がジャージーに長靴姿で語る。

集落には古い言い伝えがあった。「明神社の足（基礎）を津波が洗ったら、渡波は全滅」。震災の津波で、小山に立つ神社は床下浸水だけで済んだが、周りの家々は流失。氏子三千人のうち四百人が亡くなった。神社も地震の揺れで本殿や拝殿が傾き、全壊と認定された。「家族や家、職を失った氏子に、神社の再建費用を負担させられねえ」。専門知識のあるボランティアの助言を受けながら補修を続ける。

震災後も宮司としての勤めは果たしてきた。最初は、犠牲者の葬儀で祈祷《きとう》ばかり。「魂を慰めるのも宮司の大事な役目」。遺体が見つかった場所のお清めにも追われた。一二年夏ごろから、自宅の再建を決めた氏子の地鎮祭や、漁師が新たに購入した漁船のおはらいが少しずつ増えてきた。「氏子が少しずつ幸せを取り戻すのに立ち会い、宮司の仕事に喜びを感じた」

一三年四月、極めつきの出来事があった。神社の隣の家で育ち、境内でよく遊んでいた及川まみさん(21)が長男・陽奏《ひなた》君を出産し、お宮参りの申し込みに来た。

大国さんと古いつきあいだった、まみさんの父・平《たいら》義則さん(56)と母・喜美子さん(52)はともに津波にのまれ、今はない。

まみさんもいったん地元を離れたが、自宅を再建して子育てをしようと戻った。

「悲しみを無理に忘れる必要はねえんだ。一歩ずつ前に進もうと生きていけば、幸せが形になっていくんだよ」

大国さんが生後三カ月で首がすわり始めた陽奏君を抱き上げた。この子の七五三を神社でお祝いするころには、社殿が再建できているだろうか。

及川まみさん㊨の長男・陽奏君を抱きかかえる宮司の大国龍笙さん

――砂浜再生　諦めず未来切り開く

十八成浜は、牡鹿半島を代表する海水浴場として知られ、年間七万人が訪れた。自慢の白い砂浜は震災で二メートル以上も沈下し、海中に消えた。

「砂浜を足で踏みしめると、キュッキュッて音が鳴ってね。それがなまって『くぐなり』になった」。津波で自宅兼酒店を失った沼倉憲一さん（65）は、初めて訪れた人にかつての浜の姿を語る。

民宿や海の家が盛んで、沼倉さんの酒店も恩恵を受けていた。震災から七カ月後、仮設商店街で店を再開したが、売り上げは震災前の七割。後継ぎのはずの長男（31）は「将来が見えねっから」と店を辞め、仙台の会社に転職した。

沼倉さんは、住民やボランティアが地域の将来を考える「十八成ビーチ・海の見える丘協議会」の会長。「高台移転が何年後かに実現しても、砂浜がなきゃ十八成じゃねえんだ」。砂浜の再生を最大目標とする。

住宅や商店を建てられなくなった海岸沿いに、大量の砂を敷き詰める「砂浜公園」計画を考えた。試算した費用は十二億円。高台移転事業で手いっぱいの行政には頼めない。

がれきが姿を現した浜辺で海を眺める沼倉憲一さん㊧

情報をかき集め、中東の石油国カタールの富豪が設けた被災地支援基金に目をつけた。カタールの砂も使って浜を再生する計画を示したが、漁業施設の再建など雇用や売り上げに直結する他の地域の提案にかなわず、落選通知を受けた。

「カタールがだめなら、次の手を考えよう」。沼倉さんは落胆するメンバーに呼びかける。一三年三月には、根本匠復興相が復興交付金の対象事業に砂浜の再生を含めることを検討すると表明した。諦めなければ、チャンスはある。

「今日なら、砂浜が見えるぞ」。沼倉さんがボランティアたちを海岸に連れ出した。月二回、干満が最も大きくなる「大潮」の日。早朝、幅十メートル程度の砂地が現れた。水際から堤防まで約百メートルもあったかつての砂浜には程遠いが、痕跡がそこにあった。

「砂浜が戻れば、うちの息子とか故郷を離れた若者が少しは帰ってくんじゃねえかな」と沼倉さん。奪われた砂浜を取り戻すことが、未来を切り開くことになる。

1 くぐなり日記

捜す、探す

2

2013年9月掲載

東日本大震災から三度目の夏が過ぎた。行方不明者はいまだに二千六百人余。津波で人生を引きちぎられた被災者たちは、今も捜し、探し続けている。最愛の家族、失った記憶、復興への手がかり…。再建が進む街で、その姿を追った。

――父よ息子よ　海辺歩く

フジツボがはりついた消波ブロックに手をつき、隙間をのぞき込む。挟まれた漁具や木材に交じり、愛するわが子と父の手がかりはないか、骨はないか、捜し続ける。「抱きしめて謝りたい。助けられなくてごめんって」

福島県南相馬市の団体職員・上野敬幸《たかゆき》さん（40）は、両親と二人の子を津波に奪われた。遺体が見つからない父・喜久蔵さん＝当時（63）＝と長男・倖太郎《こうたろう》ちゃん＝当時（3つ）＝を捜し、今も毎週末、自宅から一キロの萱浜《かいばま》周辺を歩く。

二〇一一年三月十一日。地震が起きると、勤め先の農協から車で自宅に戻り、両親と倖太郎ちゃんの無事を確認した。長

自宅近くの海岸で父と長男の手がかりを探し続ける上野敬幸さん

女・永吏可《えりか》さん＝当時（8つ）＝が通う小学校に避難すると両親から聞き、消防団の班長として住民の救助に向かった。

だが、海抜一一メートルの自宅の一帯を津波が襲う。妻・貴保さん（37）が勤務先の公衆電話から母・順子さん＝当時（60）＝の携帯に電話すると、「きゃー」と叫び声だけが聞こえ、切れた。

上野さんは翌朝、消防団の仲間と捜索を始めた。十三日に自宅近くで、永吏可さんと順子さんを見つけた。「永吏可を抱っこして安置所に運んだんだ。普段は嫌がられるチューをしてね」

萱浜地区では百二十人以上が

死亡・行方不明になり、家並みは壊滅した。消防団のポンプで水田にたまった海水を抜き、遺体を見つけては搬送した。

だが、喜久蔵さんと倖太郎ちゃんが見つからない。二十二キロ南にある福島第一原発は1号機が十二日、3号機が十四日に水素爆発。三十キロ圏内に屋内退避指示が出たが、どうでもよかった。「二人を見つけたら、自分も死のうと思っていたから」

わんぱくで家の前をはだしで走り回っていた倖太郎ちゃん。がれきの中から、翌月に入園予定だった幼稚園の上履きが見つかった。

亡くなった永吏可ちゃん㊧と行方不明の倖太郎ちゃん（2010年12月撮影）

喜久蔵さんには申し訳ない思いが残る。農家を継ぐつもりだったが「ろくでもない息子で『ありがとう』と言った覚えもない」。

救えなかった自分を責め続けていた九月十六日、身重のため避難していた貴保さんが次女を出産した。「倖吏生《さりい》」と名付けた。妹ができるのを楽しみにしていた永吏可さんと倖太郎ちゃんから一文字ずつもらい、「生きる」を添えた。

病院で出産に立ち会った上野さんは、涙が止まらなかった。「うれしいんだけど、寂しくてしょうがなかった。喜んでくれる人がそばにいないことが寂しかった」

――生きている俺の使命

ここは見捨てられたのか――。上野さんには、拭いがたい思いがあった。自宅のある萱浜地区に、自衛隊が捜索に入ったのは震災発生から約四十日後。原発事故の影響か、「あまりにも遅かったし、一回捜索したら移ってしまった」。だから、自分で捜すと決めた。

捜索を連日続けたため、勤め先の農協を退職せざるを得なかった。今は職を失った農業者でつくる組合に入り、平日はがれき処理の仕事で生計を立てる。週末は萱浜の海辺を歩き、木々やごみを袋に詰めながら、骨らしきものを捜す。

何度歩いても、海からの漂着物はなくならない。「近所のおばさんは千葉県の銚子沖で見つかった。本当はね、全国すべての海岸で捜せたら」。夏の日差しで真っ黒に焼けた顔でつぶやいた。

身内だけでなく多くの行方不明者も捜そうと、ボランティア仲間と「福興浜団」を結成。一二年五月には、原発二十キロ圏内の立ち入り禁止が解除されて間もない南相馬市南部に出向き、人の頭蓋骨を見つけた。「全国で二千六百人以上がまだ見つかっていない。家族の元に返してあげたい。捜索をやめたら可能性がゼロになる」

震災から一年後の一二年三月、喜久蔵さんと倖太郎ちゃんの死亡届を出した。周囲の集団移転に加わらず、一三年三月には津波に流された自宅跡の横に新居を建て、四つの骨つぼを並べた。倖太郎ちゃんにはおもちゃ、喜久蔵さんには玄関前の土を入れた。二階には、永吏可さんと倖太郎ちゃんの部屋。青空と雲が描かれた壁紙にした。いずれ勉強机も置くつもりだ。

あれから二年半。死を受け入れたわけじゃない。でも、「今は倖太郎に生かされている。わざと出てこないんじゃないか」と思うようになった。

「新しく道路ができて建物ができて、その下に誰かが埋まっているかと思うと、それでいいのかな、と。俺もそうだけど、みんなと歩数が違う人もいる」。津波に家族を奪われた人たちが、いつか前を向くために。捜し続けるのは「生きている俺がやらなきゃならないことだから」。

――沼は最後に残った希望

石を積んだダンプがひっきりなしに通り、砂ぼこりを巻き上げる。岩手県陸前高田市のかつての名勝・高田松原と国道45号に挟まれた古川沼は、高さ一二・五メートルの防潮堤建設に向けた埋め立て工事が進んでいる。その沼で一三年夏、ボランティアらが震災の行方不明者を捜し始めた。

「工事が進む今だからこそ、やらなきゃいけない」。中心となった地元のNPO法人「P@CT」（パクト）代表の伊藤雅人さん（31）は焦りを募らせた。陸前高田市の行方不明者は二百十六人。捜索は、時間との闘いでもある。

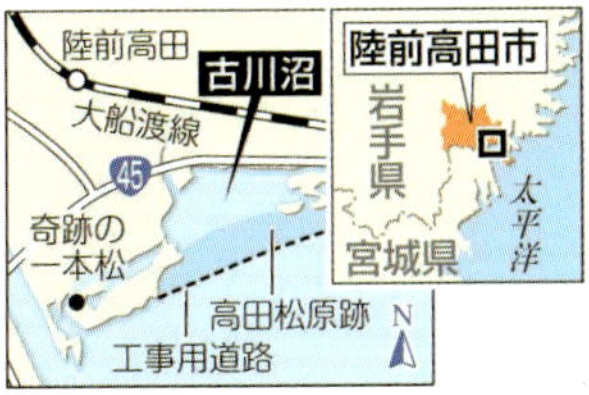

古川沼は長さ一キロ、幅三百メートルある県内最大の自然湖沼。高田松原の陸地が津波で消失し沼の大半が海と一体化したが、今は工事用道路で海と区切られている。震災当初に自衛隊や警察が沼を捜索した後は、ほぼ手つかず。「見つからない家族が沈んでいるのでは」。遺族にとって、最後に残った希望だ。

長男・利行さん＝当時（43）＝が見つかっていない吉田税《ちから》さん（79）もその一人。利行さんが最後に目撃されたのは、路上で転んだ高齢者を背負い、市役所に避難させる姿。「困っている人がいたら逃げるな、と教育してきた。それが仇《あだ》になったのか」

海が荒れ、風が強い日には、手がかりが何か浮かんでこないかと願い、沼に通う。「どうしても諦めきれない。骨一本でも出てきてほしい。見つからないと、頭を打って、記憶喪失でどこかで生きているんじゃないかと想像してしまう」。埋め立てが進む現場を通るたび、居ても立ってもいられなくなる。

Ｐ＠ＣＴは沼周辺のがれきを撤去して手作業で土砂を掘り、ふるいで木片と骨を見分けていく。これまでに人骨らしきものが数個、毛髪も見つかった。工事業者も仮設トイレを提供してくれた。しかし、圧倒的に人手が足りない。

Ｐ＠ＣＴの伊藤さんも、伯父の鈴木信正さん＝当時(74)＝が帰らぬままだ。「遺体が見つかっても見つからなくても、『すべて捜しました』と市民に報告すれば、気持ちも落ち着くはず」。行方不明者と、その家族を置き去りにしない。それが「地域が一つになって復興するために必要なこと」と信じる。

ボランティアに指示を出すＰ＠ＣＴ代表の伊藤雅人さん

――写真返却　「捜査官」走る

突然の訪問に驚き、パッと顔が晴れた。「何冊もあったアルバムが流されて、一枚もなかったの…」

一三年八月下旬、岩手県大船渡市のアパートで暮らす柏敦子さん(89)の元に、自宅ともども津波に流されたはずの写真が戻った。小学校に勤務していた五十年ほど前、同僚の教員と写った一枚だった。

届けたのは、市社会福祉協議会の臨時職員、及川富士子さん（48）と刈谷ひとみさん（60）。がれきの中から見つかった写真を洗い、持ち主に返却するのが仕事だ。前日に仮設住宅で写真を展示し、入居者が「もしかして柏先生では」と手がかりをくれた。町内会長を通じて、柏さんの居場所にたどり着いた。

かすかな情報を頼りに足で稼ぐ。臨時職員七人のうち、さながら刑事のような二人は「捜査官」と呼ばれる。「一度顔を見たら忘れない」という及川さんは、二十五年にわたる夫の祖母の介護で培った地縁・血縁の知識が豊富。「写真を捜している人と話すと、あの写真かなと、ビビッとくる時がある」という。三陸鉄道の社員だった刈谷さんはスマートフォンを駆使する。二人とも自宅を失い、仮設で暮らす。

写真の洗浄・返却作業は、震災一カ月後から始まった。指導する紙本・書籍保存修復士の金野聡子さん（50）は「津波にすべてを流され、財産は着ている服だけという被災者が多い。写真が一つの希望になると思った」と振り返る。

写真から油や泥を洗い落とし、カビや微生物で劣化しないよう冷凍庫で凍結する。洗浄後の写真は公民館などで展示する市町村が多いが、大船渡は一三年一月に「待っているだけでは返せない」と攻めの姿勢に転じた。

持ち主の手がかりを得ると、電話帳や住宅地図、親類などの人脈を活用し、持ち主に迫る。

洗浄した写真を持ち主に返すため打ち合わせせする及川富士子さん㊧、刈谷ひとみさん

これまでに四十四万枚を洗浄し、届けた写真は三十八万枚。被災市町村の中で驚異的な返却率だ。

震災後すぐ、写真を返すと「そんな物より金持ってこい」と怒鳴られることもあった。及川さんと刈谷さんは最近、被災者の気持ちに変化を感じる。「生活が落ち着いてきた今だから、懐かしい写真がほしい人が多い」

仮設住宅に散らばった友人たちが写真の返却をきっかけに、再び連絡を取り合うこともある。「写真は、人のつながりも取り戻す」。捜査官は、その橋渡しも担っている。

――リードを握ればそこに

二階の天井まで津波が流れ込んだ仙台市若林区の荒浜小学校。今は立ち入り禁止になっているこの場所で、薄茶色の耳がたれた〝おっとり屋さん〟の愛犬とはぐれ、二年半がすぎた。

震災当時、八歳だった雌のリー。「生きているのか死んでいるのか、分からないのが一番つらい」。飼い主の大久保寿人さん（23）は、今でもインターネットなどで目撃情報を求め続ける。

仙台市唯一の海水浴場に面した荒浜地区の自宅で、両親と妹、そしてリー、メイ（雌、五歳）と暮らした。生後間もなく家族の一員となったメイが、母親に見立てたのか、おっぱいの出ないリーの乳房に吸い付くのも見守った。浜辺でボール遊びをしたり、真剣勝負のかけっこをしたり。二匹は「いつもそばにいて、一緒に育った家族」だった。

震災当時、消防団員の大久保さんは避難誘導に回った後、荒浜小にリーとメイを連れて駆け込んだ。翌日、自衛隊の救助用ヘリコプターが到着。他の被災者を送り出した後に乗り込もうとすると、「犬は乗せられない」と断られた。

周囲はがれきで埋まり、歩けそうもない。「すぐ会えるだろう」。そう思い、校舎四階のベランダにリードを固く結び、水と餌を置いた。

二日後に戻ると、そのリードが外れていた。メイは校舎内で見つかったが、リーがいない。周辺を捜し回り、市の動物管理センターに何度も通った。「一人で生きているのは厳しい。誰かが飼ってくれているなら、そのままでもいい。生きてさえいれば」

仮設からメイを散歩に連れ出す時、大久保さんはいつも同じリードを使う。もちろん、校舎に残されていた、リーのリードだ。

仮設住宅で愛犬「メイ」と過ごす大久保さん

荒浜の住宅街は津波で壊滅した。海まで一分足らずの自宅も。両親はみなし仮設のアパート、大久保さんはペットが飼える仮設住宅でメイと暮らす。

津波は家族のだんらんを奪ったが、新しいつながりも生まれた。仮設の一人暮らしのお年寄りたちが「メイは友達だ」と体をなで、餌の差し入れに来るように。今や仮設のアイドルだ。また、リーの情報を求めているインターネット上では、「必ず生きてますよ」「私は十年たって愛犬と再会しました」と励ましのメッセージが届く。

――なぜ妻はのみ込まれた

「津波凄《すご》い」。地震から四十分後の三月十一日午後三時二十五分。妻が携帯電話から送った最後のメッセージは、夫に届かなかった。

「どんなに怖かっただろうか」。宮城県女川《おながわ》町のバス運転手高松康雄さん（56）の妻・祐子さん＝当時（47）＝は、派遣社員として勤めていた七十七銀行女川支店の屋上で津波にのみ込まれた。

がれきの中から唯一見つかった携帯電話は、遺骨のない骨つぼに入れていた。一三年三月、墓を改修するため取り出し、試しに電源を入れると生き返った。その中に残されたメール。足元に津波が迫っていた時間だった。

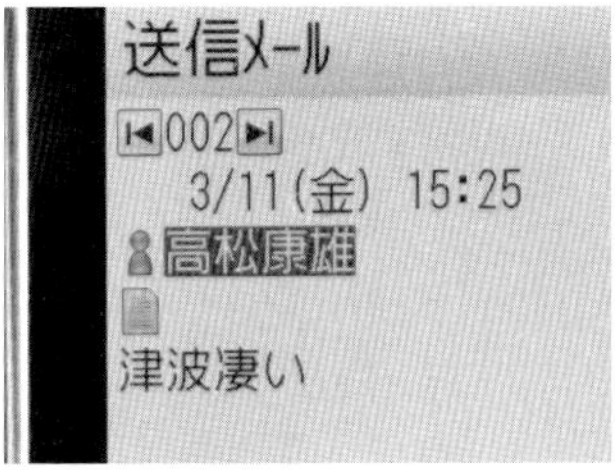

祐子さんのメール

二十五年前、航空自衛隊に勤めていた高松さんは、先輩から祐子さんを紹介された。口べたな高松さんに、話し好きな祐子さん。一男一女をもうけた。自衛隊を定年退職し、四月からバス会社に再就職するお祝いをしようと相談していた。

三月十一日朝。高松さんが支店まで車で送った。「晩ご飯はどうする?『何でもいい』はダメよ」。高松さんの口癖を見越した何げない会話が最後だった。たまに作ってくれる本格的なビーフシチューが好きだった。

二階建ての支店は、海岸から百メートル。すぐ裏には海抜一六メートルの高台に指定避難所の町立病院があった。祐子さんら支店職員十三人は高さ十メートルの屋上に逃げ、津波に巻き込まれた。一人が救助されたが、四人が死亡、八人が行方不明になった。

「病院までゆっくり歩いても三分。周囲の人は病院に向かっていたのに、なぜ逃げなかったのか」。銀行側は「防災マニュアルに沿って支店屋上に避難した。屋上を越える津波は予見できなかった」と説明。要望していた第三者を交えた検証も行わない。震災から一年半がたった二〇一二年九月、高松さんは支店行員二人の家族とともに、銀行が安全配慮義務を怠ったとして提訴。真相究明の場を法廷に移した。

「女房は争い事を好まない性格だったから、反対しているかも」という高松さん。それでも、「うやむやに終わらせたら、十二人の命が無駄になってしまう。教訓にしてほしい」と二十三年

妻が勤めていた銀行跡で手を合わせる高松さん。後ろに高台の町立病院が見える

連れ添った妻の最期の姿を求め、闘う覚悟を決めた。

一万八千人以上が犠牲になった震災。最愛の人を、どうしたら助けられたのか。自分はどう生きていけばいいのか。被災者たちは、その答えを探し続けている。

3 届いて、あなたへ

2015年9月掲載

――漂流ポスト　切なさ集う

長袖がほしくなる九月上旬、郵便配達のバイクが杉林に囲まれた未舗装の道を通り抜け、岩手県陸前高田市の広田半島の先端にあるカフェ「森の小舎《こや》」に一通の手紙を届けた。小舎の主《あるじ》、赤川勇治さん（66）が封筒を開けると、「Mへ」と書かれた便箋が出てきた。

「俺は今、震災後初めての旅行中です。震災前は二人でよく一緒に旅行した北海道…。寂しいというか、つらいよ。いつまでもこんなんじゃダメだよね」

亡くなった恋人への手紙だろうか。差出人は書かれていない。消印は北海道南部の長万部《おしゃまんべ》。湯の華が堆積してできた「石灰華《せっかいか》ドーム」で知られる温泉地だ。

手紙は二枚目に。

「でももっとたくさんいろんな所に行きたかったね。とりあえず来週末に帰るよ。土産話楽しみにしてて。お土産もたくさん持って大船渡に会いに行くよ」

森の小舎に手紙を届ける配達員

赤川さんは丁寧に便箋をそろえ、「漂流ポスト」と書かれた青色のファイルに収めた。届くことのない相手への手紙が流れ着く場所、それが漂流ポストだ。

「思いを吐き出すことで大切な人を失った苦しさが少しでもやわらげば」。東日本大震災からちょうど三年となる二〇一四年三月に赤川さんが設けた。

一年半の間に届いた手紙は百通ほど。「見せてほしい」という客には、赤川さんはファイルを差し出す。

「おーい　トモ　おかあさんだよ～　元気かあ？　ドリフトはしてるかな？」

空模様の便箋には、手書きの絵文字を織り

交ぜながら息子への思いがつづってある。消印の日付は一五年三月十一日。

手紙は続く。

「会いたいよ　声ききたいよ（中略）お母さんを見たらまた言ってね。夜勤明けのおかあさんマヂこえーわって。そう言って笑ってね…」

陸前高田市で津波にのまれ、行方不明になった読書会の三歳年下の友人「末子《すえこ》さん」を追悼する詩を森の小舎に持参した渡辺真吾さん（83）＝岩手県北上市＝は言う。

「私の心の中にある末子さんの何げない日常を書いてやる。それが生きた証しになると思うんです」

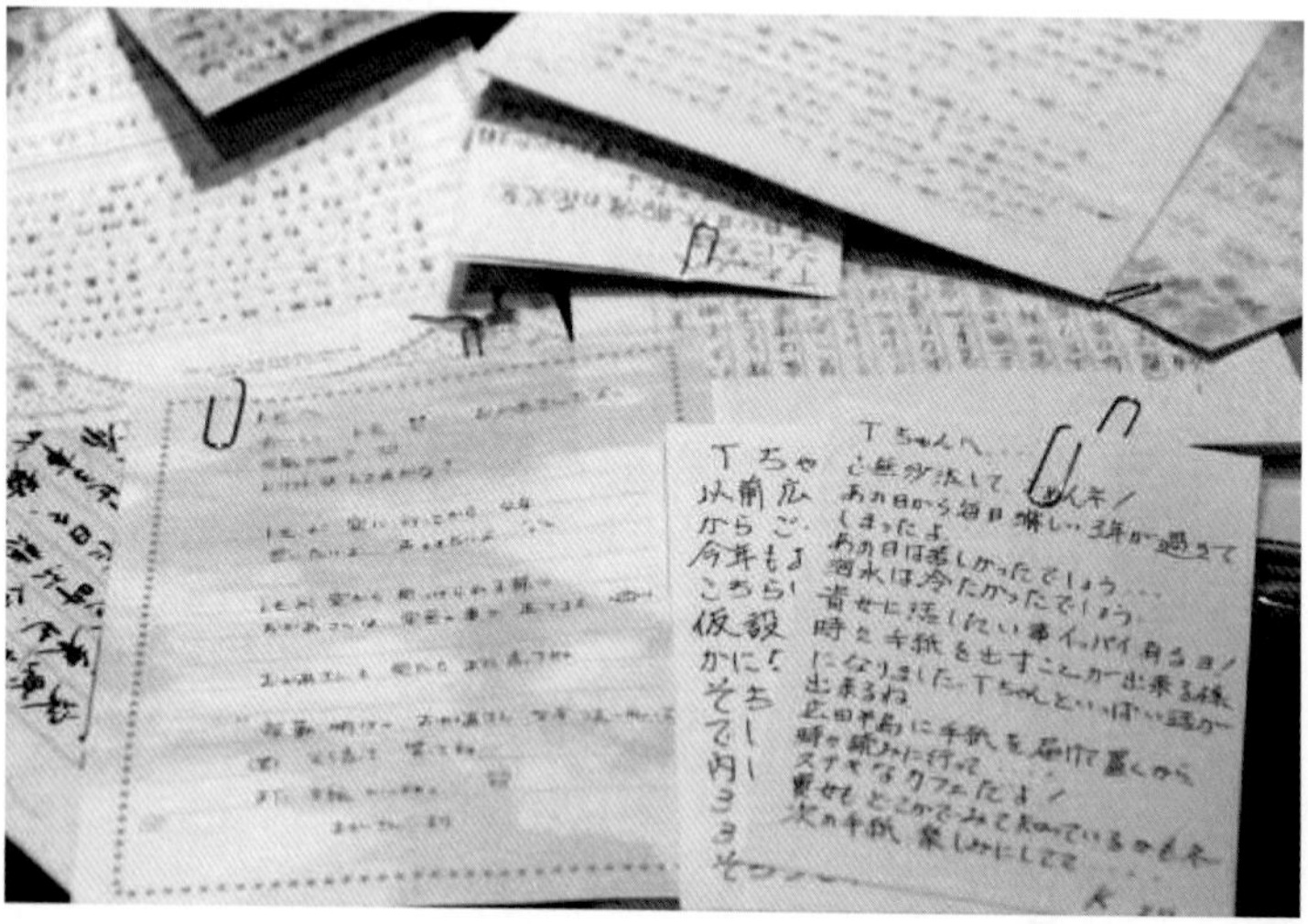

漂流ポストに届いた手紙

――お兄ちゃんと話せたよ

「森の小舎」には、東日本大震災で亡くした家族や友人への手紙をその場で書けるよう、ノートも用意されている。

アジサイに小雨が降り注いでいた七月中旬、屋根付きのテラスでペンを手に取った地元の中学一年、紺野優花さん（12）は、不思議な感覚に包まれた。「お兄ちゃんとしゃべってる感じ」

あの日、中学二年だった兄・将成《まさなり》君＝当時（14）＝は、翌日に控えた卒業式の準備のため昼で下校。野球部の友人七人と海近くの市街地に自転車で遊びに出掛けていた。

「私は下校路だったよ。すごい地鳴りだったよ（中略）バキバキって音がして、後ろを向いたらチリ地震のときもこえなかった『せんろ』を波がこえたんだよ（中略）お父さんに『お兄ちゃんとお姉ちゃんが見つからない』って言われてわけわかんなかったんだよ」

姉は無事だったが、将成君は避難場所だった市民体育館で遺体で見つかった。両親の気遣いで対面はしなかったが、かすり傷一つなく「寝ているみたいだった」と聞いた。

「今でも自転車で帰ってくる気がする」という母の直子さん（44）は、中学校でもらった将成君の〝卒業〟アルバムを開く気になれず、納骨もできないでいる。一五年三月に仮設住宅から災害公営住宅に移り、生活は少し落ち着いたが、逆に喪失感は深まったよう。「地震の直後は携帯が通じた。市街地で働いていた旦那に『将成が街にいる』と伝え、捜しに行ってもらっていれば…」と、後悔ばかりが口をつく。

優花さんにも兄を亡くした実感はいまだにない。

「いつも優しくて、大好きだったよ♡思い返せば震災前、夜おふとんに来てうでまくらとかしてくれたよね。急にどした!?って感じだったよ（笑）なんでかはもう聞けないね（中略）とっても幸せな時間だったね」

あれから四年半。中学では吹奏楽部に入り、トロンボーンの練習に打ち込む。同級生や先輩と無料通信アプリ「ＬＩＮＥ（ライン）」で、「恋バナ」で盛り上がる。そういえば、将成君も部活の仲間と長電話を繰り返し、母親にしかられると「いいんだよ、これが青春なんだよ」と言い返していた。

「今は楽しいんだよ。ぜんぶが楽しいんだよ!」

「気を使われるのはいや」と普段友人に話すことはない兄への思い。書き終えると少しすっきりした気持ちになっていた。

「あとひとつだけ！　またいつかお姉ちゃんとお兄ちゃんと私の三人でキャッチボールしようね！　約束だよ」

――約束忘れない　生きます

宛先は「漂流ポスト」。仙台市青葉区の清水和子さん（66）は、あの日からずっと心に引っ掛かっていた思いを吐き出すように、手紙を書きだした。

「捜してあげられず本当にごめんなさい」

妊娠八カ月だった清水さんの次女・美香さん＝当時（28）＝夫妻と孫の楓太《ふうた》君＝当時（6つ）＝の家族は、宮城県石巻市の自宅で津波に襲われた。

いったん三人で避難した後、毛布を取りに自宅に戻ったらしい、と後で聞かされた。二カ月後に生まれて来るはずだった男の子の名前は颯《はやて》と決まっていた。

清水さんは当時、仙台市内の大学病院の精神科で准看護師として働いていた。仕事を離れられず、初めて捜しに行ったのは夜勤明けで休みがとれた震災の五日後だった。

「家は津波で流され、何もなくなりました。見つかったのは楓太が入学式に背負うはずだったランドセルと私が買ってあげた靴だけでした」

三人は三月の終わりごろに見つかった。最初は美香さんだった。遺体の安置所で写真を見て一度は違うと思った。「絶対そうだから」。友人に促されてもう一度よく見ると、幼いころ、保育所で積み木にぶつかってできたおでこの傷が確かにあった。「遅くなってごめん」。ビニールの袋に入れられた遺体を抱きしめた。

清水さんは震災前から続けていた傾聴ボランティアを、震災の半年後に石巻市の仮設住宅で再開した。一五年の三月に大学病院を退職し、今は正看護師の資格を取るため、予備校に通う。正直なところ、資格で仕事の内容はそれほど変わらない、と思う。ただ前に進むきっかけがほしかった。何よりも震災の前日に交わした楓太君との約束があった。

「楓太、石巻から帰って来た十日の夜『和子さんお仕事やめないでね、ボランティア頑張っ

てね』と電話をくれましたね。その言葉が今の和子さんを支えています」

清水さんは今でも時々、美香さんの使えなくなった携帯電話にメールを送るが、「受取人不在」ですぐにはね返されてくる。でも、手紙はメールと違い、どこかで届いている気がする。資格が取れたらまた、病院で働き始めるつもりだ。

「あなたたちに思いを伝え明日からは前を向いて歩いて行きます。また会える日まで四人で仲良く暮らしてください。残された人生あなたたちの分まで力強く生きます!!」

――幸せだった？ 答え求めて

文章を書く習慣のない自分が、なぜそうしたのか分からない。

避難所代わりに自宅に住まわせていた親戚が仮設住宅に移り、ようやく一人になった東日本大震災から二、三カ月後のこと。岩手県陸前高田市広田町の熊谷幸子さん（74）は、たまたま目についた部屋のカレンダーの裏に太字の油性ペンで書き殴った。

カレンダーを見つめる熊谷さん。右隣の写真は磨さん

「太陽の日差しを浴びながら漂い漂いどこ迄《まで》いくのだろうかこの雲は…　その高い所から何か見えませんか」

熊谷さんの夫・磨《みがく》さん＝当時（71）＝は、震災で行方不明になった。隣の岩手県大船渡市に出掛けていた熊谷さんが翌日帰宅すると、津波で自宅を流された親戚七人が、高台にある熊谷さんの家でこたつを囲んでいた。磨さんだけが、そこにいなかった。

一人になって、仏間から見える青い海と空、白い雲を見つめていると、自然と頭に言葉が浮かび、書かずにはいられなくなった。

そんなカレンダーは、いつしか百枚近くになった。どこからか夫が見てくれるかもしれないと思い、仏間の壁に張り付けている。

震災翌年の六月十四日。磨さんの誕生日にはこう書いた。

「磨さん　七十三歳になりましたネ　今どこにどうしているのですか（中略）もしかして粉々になってしまって判別もできない状態？　この坂おりていかなかったらなんの事なく生活できたのに…　いまだにただいまママちゃんと言って戻ってくるんじゃないかと思い…　今夜は大好きなカツ丼とアジのたたきで待っています」

四年半が過ぎた今も、磨さんは見つからない。周囲からは「そろそろけじめをつけては」と言われるが、死亡届はいまだに出せないでいる。「お墓に入れるものは何もないから」がんの手術のため東京で入院し、一四年六月から一年間、自宅を離れていた。自身の誕生日が近づいた九月上旬、久しぶりにペンを握った。

「誰か教えてください　夫が幸せだったか　あんだと一緒になれていがったと思ってるかどうか」

一一年十月にこう書いたカレンダーの下の空欄を埋めた。

「答え　やっぱりオレにすればママちゃんが一番だよ」

熊谷さんは、「森の小舎」を時折訪れる。人知れず書き続けていたカレンダーの一部に目を通した小舎の主、赤川さんは、ポストの原点を見る思いがした。

――遺族の心　復興は道半ば

赤川さんが「漂流ポスト」を設けたきっかけは、学生時代の友人の訃報だった。年賀状の宛先を整理していた一三年の暮れ、喪中はがきで十年近く会っていなかった友人の死を初めて知った。「話したかった、会いたかった」。悔しさが募ると同時に、苦しい思いを胸にしまっているはずの震災の遺族に思いが至った。

赤川さんは横浜市出身。田舎暮らしに憧れて二十七歳で大手フィルムメーカーを退職、岩手県の旧・水沢市（現・奥州市）に移り、写真店などを手掛ける会社を立ち上げた。その後、岩手、宮城、福島の三県で三十八店舗を展開するまで会社を成長させる一方、老後のすみかにと雪が少ない広田半島の土地を購入。会社も畳み、震災一年前に小舎を開いた。奥州市の自宅に家族を残し、冬季で休みの十二月中旬～三月上旬を除き、小舎に一人で寝泊まりする。

東に突き出した広田半島。震災のとき、付け根が南北双方からの津波に襲われ、孤立した。森の小舎にいた赤川さんは、近くに住むワカメ養殖の漁師・鈴木和男さん（60）宅に三日泊めてもらった後、地元消防団が確保した林道などをつたい、自宅に戻った。

その日から赤川さんは、住民に食料などを届けるために奥州市と広田半島を往復し続けた。道路が確保されてからは、住民のために奥州市の温泉への無料バスツアーを企画。鈴木さんは「一番困っていたのが風呂だった。あれはいがった」と振り返る。

そのバスの車内で、おばあちゃんが次々に赤川さんに「申し訳なかった」と言ってきた。百世帯ほどの古くからの集落に突然やってきた赤川さんは、住民に半ば不審な目で見られていたのだ。鈴木さんは「皆、彼のことを変人だと思っていた」。

赤川さんは内心苦笑いしつつ、「これで受け入れられた」と感じた。かつて見知らぬ東北の地で会社を育てた赤川さんは「よそ者」の苦労を知っていた。それだけに、うれしかった。

最近では、漂流ポストに届く手紙は、週に一通あるかないか。ただ、小舎の客の中には、震災から四年半がたった今も「人に話す気になれない」と苦しみを一人で抱え続ける遺族がいる。赤川さんは「心の復興はまだまだ」と感じている。交通事故など震災とは別の形で、唐突に肉親を失った人からの手紙も届く。

海辺の高台にあるのに、杉や松に囲まれ海が見えない森の小舎。波の音が聞こえるこの場所で、赤川さんは今日も手紙を待っている。

漂流ポストの宛先は、〒029-2208　岩手県陸前高田市広田町赤坂角地一五九の二、「森の小舎　漂流POST　3・11」。

俺たちのプレーボール

4

２０１３年５月掲載

――仮設住宅の野球小僧

「プレーボール！」

鉛色の雲が覆う盛岡市の岩手県営野球場に球審の声が響いた。

アマチュア野球の最高峰・都市対抗野球大会の県予選。元高校球児が集う陸前高田市の硬式野球チーム・高田クラブが、十一日の1回戦で遠野市の遠野クラブとぶつかった。東日本大震災の津波で自宅や会社、そしてチームメートを奪われた野球小僧たち。この一戦に震災後、大会での初勝利が懸かっていた。

二回表、チームは早くも1点を許す。その裏、走者を二塁に置き、六番の金野真輝《きんのまさき》（24）に打順が回った。

分厚い胸板の長距離砲は、震災直後に結婚した妻・章子（35）と仮設住宅に暮らす。建設会社での仕事はがれきの処理。崩れた建物はほぼ片付き、町が一段と寒々しく見える。「海ってこんな近かったっけ」。重機を操りながら今も「夢じゃねえの」と考え込む。

目標は家を建て、別の仮設に住む両親と暮らすこと。節約し貯金に励む一方、会費や遠征費をはたきグラウンドに立つ。「頭いいやつはこんな状況で野球やんねえでしょ。俺、ばかだから」。バットを振れば、気分が晴れる。

住民に気遣いながら、日が暮れた仮設住宅で黙々とバットを振る金野さん

五十七年の歴史を誇る高田クラブ。二〇一〇年秋、企業チームを除いた全日本クラブ野球選手権に、東北代表として四回目の出場を果たした。その絶頂期に、津波が襲った。一年間の休部を経て活動を再開したが、メンバーが働く土木、水産会社、市役所はどこも復興で大忙しだ。練習不足が響き、一二年は都市対抗、クラブ選手権いずれも予選早々に姿を消した。

再スタートを期す試合の序盤に回ってきた打席だが、金野は調子を崩していた。ナイター設備のある球場を流され、練習は高校の室内練習場を借りる。マシンの球を打ち込んでも、本物の投手とは軌道が違う。仮設は通路が狭く、素振りにも気を使う。「プレーできるだけでありがたい」。弱気を振り払い、初球を狙うと決めた。

「金野は高めの直球を強振。ライナーがセンターの横を抜け、走者が同点のホームを踏んだ。チームの今季初得点だ。」

赤いリストバンドを巻いた太い腕を、二塁ベースで突き上げた。高田クラブの戦いは、始まったばかりだ。

―打ち返す 亡き課長のため

「高田クラブは二回裏に追いついたが、四回表に四球と失策が絡み、遠野クラブに3点を与えてしまう。」

メンバーは会社の再建や家族の世話に忙しく、ナイター練習に顔を出せるのは毎回六、七人。ある意味、予期していた守備の乱れだった。

「ピッチャー、守ってやっから大丈夫!」。一番の国井恭兵(25)はショートから声を張り続けた。震災前はベンチにいたマネジャーの佐々木敏行＝当時(47)＝の姿は、そこにない。劣勢の場面では「ここを守りきって、次につなげよう!」ともり立ててくれた。

老舗のみそ・しょうゆ醸造「八木澤商店」で上司と部下の関係。クラブの活動は、会社と家族の理解が欠かせない。営業課長の佐々木は「仕事はカバーすっから、思いっきり野球してきな」と背中を押してくれた。津波の時、従業員を逃がした後、消防団員として海の方へ向かい、第二波の犠牲になった。「面倒見のいい課長らしいな」と悲しみがこみ上げた。

大半のメンバーにとって震災後の休部は、野球と距離を置く初めての時間だった。国井の会社は被災したが、工場を借りるなどしてすぐに再開した。得意先回りに忙しく、野球どころではなかったが、寝付けない夜が続く。「仕事しか待ってない一週間ってこんなに長いんか…」。布団にあおむけになり、天井に向かってただボールを投げた。

一二年の春、クラブが再開し野球の欠乏症から解き放たれた。「やりたくてもできなくなった人がいる。課長のように」。そう思うからこそ、早く結果がほしい。

ベンチ前でも大声を出しチームを鼓舞する国井さん

劣勢の高田クラブは相手の失策にも助けられ、四回、六回に1点ずつ返した。1点差の七回裏、これまで三打席凡退の国井が打席に入った。外角球に食らい付き、ライト前へ。後続が連打で続き、俊足の国井が同点のホームを駆け抜けた。

「もう一回、全国大会に出て課長のユニホームを掲げたい」。何年かかるか分からないが、そう考えている国井。「こんなとこで負けられねえよな」。ナインのハイタッチに強めに応えた。

終盤で試合を振り出しに戻した高田クラブ。だが、チームをアクシデントが襲う。

――日常を取り戻した捕手

「試合途中からグラウンドをたたき始めた雨が、激しさを増した九回表。高田クラブの二番手でマウンドを守ってきた森拓也（23）が突然、肩の痛みを訴えた。」


試合には二十五人がベンチ入りできるが、球場に来られたのは十六人。メンバーの半分にも満たない。震災後、職場に無理を言いづらくなったクラブの〝弱点〟。もう、控えの投手はいない。

緊急登板を命じられたのは、レフトの三浦颯《はやて》（22）。もともと投手だが、肩を故障し、外野に転向していた。捕手の畠山晃男《こうお》（30）が駆け寄り、「頑張るしかねえっぺ」と鼓舞した。ミットで口元を隠し、「壊れそうだったら俺に絶対、言えよ」と本心も伝えた。安心させたかった。

畠山の自宅は海から離れた山間部。父親が起こした林業で妻と三人の子を支える。一緒に山道を駆けっこしたり、アニメを見たり。その子煩悩なパパが、震災を境に口数が減った。

高台で宅地造成が進み、林業の仕事は一年先まで埋まった。妻の千恵(29)は勤務先の薬局が流され、片付けや再開の準備に追われる。親戚や同級生で亡くなった人もいる。「俺たちだけ、楽しくしてていいはずない」と言い聞かせていた。

野球が戻った今、試合や練習があった日は興奮が冷めない。「配球を間違えた」「あの直球を打つべきだった」。延々と続く話を、千恵は「早く寝かせてよ」とあしらう。でも、野球少年さながらの横顔を眺めると「日常が戻ってきたのかな」とホッとする。

肩の痛みを気にする三浦にサインを出す畠山は、九回のピンチに集中力を研ぎ澄ました。対戦する遠野クラブの先頭打者を四球で歩かせ、暴投で走者が得点圏に進む。見せ場は1アウト後の初球。二塁ランナーが走った。雨にぬれたボールを素早く握り、ストライクの送球で刺した。

畠山は一三年四月から少年野球のコーチになった。グラウンドがつぶれ、学校の統廃合でチーム数が減り球児の環境も厳しい。「大人になってもプレーできるよう、強い高田クラブを残さねえと」。しびれる試合展開に、思いを強くする。ついに延長戦だ。

——あきらめない　それが流儀

震災後の初勝利を懸けた試合の日。高田クラブ監督の戸羽直之（37）とキャプテンの熊谷駿（31）は、岩手県奥州市で結婚式の披露宴に出ていた。

新郎は戸羽の仕事仲間で、熊谷にとっては親友。震災後、祝いの席はそれまでに増して大切になった。でも、落ち着かない様子で携帯を気にする二人。一向に試合の結果が届かないからだ。

「試合は延長に入っていた。決着がつきやすいよう、一死満塁から始める特別ルール。十回表、対戦する遠野クラブの打者がライト前に放った飛球を、コーチ兼任で途中出場の吉田昌善（35）が必死に追う。しかし、後逸。三人が一斉にホームを踏んだ。」

嫌な予感がよぎり、酒のペースが上がる戸羽。震災直後は「もう潮時だ」とクラブの解散を唱えた。「野球で飯を食えるわけじゃねえ」。仲間の生活を思っての決心だった。

だが、熊谷の考えは違った。自宅と水産会社が被災し、途方に暮れた震災間もないころ。思わず、内陸部にクラブチームの試合を見に行った。震災前と変わらない光景。「野球も俺たちの生活の一部だ」。選手と居酒屋に集まり、「キャッチボールだけでもいい。できることからやるっぺ」と決めた。
　戸羽も本当はその決断がうれしかった。クラブ再開後、監督に就任し、背番号を「6」から「37」に変えた。一塁手の金野《こんの》潤也の番号。津波の時、住民を避難させようと沿岸に走り、三十一歳で亡くなった。震災前、戸羽が体力の衰えから「野球やめるわ」と告げると、「誘ったのはそっち。やめる時も一緒だから」と制してくれた。その金野の思いも背負っていこうと決めた。

高田クラブは土俵際で執念を見せる。十回裏、四番の畠山晃男（30）が追い込まれた後、ライトを越す大飛球を放つ。三人の走者がかえり同点。十一回も1点を勝ち越されたが、二死2ストライクの「あと一球」の場面で一番・国井恭兵（25）が三遊間を抜くタイムリー。四度目の同点劇だった。

　試合開始から二時間半以上。しびれを切らした戸羽は県営野球場に電話を入れた。強豪相手でも格下でも、勝つ時は接戦。「これぞ高田の野球だ」と赤ら顔に笑みが浮かんだ。決着の時が、迫っていた。

――壊れた肩で熱投48球

「延長十二回、緊急登板した高田クラブの三番手、三浦が熱投を続ける。決着がつきやすいよう一死満塁で始まる特別ルールの延長戦。遠野クラブの先頭打者に犠牲フライを打たれた。この試合、数えて五度目のリードを許す。」

肩は壊れていても、三浦の心は折れなかった。次の打者に投じた、この日の四十八球目。外角低めの直球が最速の百二十八キロを計測した。見逃し三振でチェンジ。

「こんな球速、甲子園の予選以来だ」。クールな背番号18が、ジーンと熱くなった右の拳を握り締めた。

三浦は震災直後、「野球なんて不謹慎だ」と思っていた。勤務先の「酔仙酒造」は工場を流され、同僚七人が死亡・行方不明になった。

でも、月日がたつにつれ、心境が変化する。メーングラウンドに使う高校の室内練習場。夜、バットを振っていると隣の仮設住宅の住民が見物に来る。

「きょうは六人か。少ねえけど、頑張れよ」。クラブOBの坂井一晃（71）もその一人。坂井と三浦が卒業した県立高田高は、海岸線の小さな町から一九八八年の夏、甲子園に出場した。「高田の男は野球するのが当たり前」。津波にも奪えなかった地元の誇り。三浦は「野球で与えられるものが、あるのかもしれない」と考え始めた。震災後、勝利を待ちわびてくれる人を近くに感じるようになった。

ついにサヨナラ勝ちを決めた高田クラブ。三浦さん（中央）も手をたたいて勝利を喜ぶ

一点を追う十二回裏の先頭打者は、くしくも三浦。初球を狙った。ライトフライで三塁走者をかえし、同点に。その気迫は途中出場のベテラン菅野《かんの》貴行（36）にも乗り移る。二死満塁からライト前にサヨナラヒットを放つ。10対9。三時間の熱戦に、ついに決着をつけた。

震災後、都市対抗予選で初勝利をもぎ取った野球小僧たち。サヨナラの走者に駆け寄り、ハイタッチし、ベンチで、握手をかわす。「ついに決めたぞ！」と叫びあった。

記念すべき一勝にも、震災の前は恒例になっていた祝杯は我慢した。選手は「野球を楽しむだけで終わっちゃいけないチーム」と口をそろえる。グラウンドを離れれば、「復興」に向けた戦いが待っているからだ。長い長い戦いに勝利するため、メンバーはそれぞれの日常に戻っていった。

（文中の敬称は略しました）

酒造りに懸ける

5

2014年11月掲載

――蔵の再建　青空に誓う

澄んだ秋の空が憎いわけではない。だが、岩手県北上市にある創業百二十年の造り酒屋「喜久盛酒造」の五代目、藤村卓也さん（42）は、本来ならありえない所からのぞく真っ青な空を、時々にらむ。

「あの日もこんな青空だったような気がしますね」

二〇一一年三月十一日に起きた東日本大震災は、海から五十五キロ離れた内陸の街も襲った。酒や醤油の仕込みに百年以上使ってきた木造の蔵は、震度5強の揺れと、降り積もった雪の重みとで半壊。揺れが収まり、蔵に足を踏み入れると、崩れ落ちた屋根の間から青空がのぞいていた。

さらに、ひと月後に起きた余震が、追い打ちをかけた。ひびの入った土壁があちこちで崩れ落ち、酒の貯蔵用のタンクをいくつも押しつぶした。

「何とか従業員を食べさせなければ」

震災直後から、藤村さんは蔵の再建を目指して走り回った。業者が見積もった費用は三千万

蔵が半壊した現場で空を見上げる藤村さん

〜四千万円。だが、行政に何度も支援を頼んでも、なしのつぶて。「津波にのみ込まれた沿岸部がひどすぎて、内陸は被災地と思ってもらうことさえ難しいのか」と思った。

迎えた秋の仕込み時期。取りあえず、残された設備で酒を造った。日本酒離れなどで、生産量は右肩下がりだったとはいえ、その年にできたのは一升瓶にして二万本ほど。昭和四十年代の全盛期と比べると二十分の一に落ち込んだ。従業員の半分、三人に退職してもらわざるを得なかった。

ほそぼそと酒造りを続け、丸三年となった一四年の春。隣町の岩手県花巻市の造り酒屋「白雲《はくうん》」から、救いの手が差し伸べられた。

「蔵を貸してもいい」

幕末から酒を造り続ける白雲は、高齢の社長と杜氏《とうじ》の二人で三年に一度だけ、地酒「風の又三郎」などを仕込んでいた。だが、社長が一三年十一月に病気で亡くなり、廃業することに。遺族が藤村さんに蔵の提供を持ち掛けたのは「社長が生前、『被災した酒蔵に建物を貸そう』と漏らしていたから」だった。

喜久盛にとって白雲は、戦時中、国策で六年ほど統合された縁の深い蔵でもある。厚意を受けることにした藤村さんは、決意を新たにする。「震災前と同じことをやったって、それはただの『復旧』だ。せっかくの節目、新しいやり方で勝負しよう」

浮かんだのは、「全量県産の純米蔵」。全ての米を県内産で賄い、醸造用アルコールを加えない「純米酒」だけを仕込む。戦後、岩手県では、途絶えていたやり方だった。

――「全量純米」俺の手で

故郷で冬を越すのは、二十二年ぶりになる。

喜久盛酒造で一四年十月、職人のトップ「杜氏」に就いた盛川泰敬さん(40)は、さえた秋の空気を胸いっぱいに吸い込んだ。

「さ、ひとつ腕を見せてやるかい」


江戸の昔、旧・南部藩(岩手県など)の農民が農閑期に出稼ぎで担った酒造りを起源とする「南部杜氏」。粘り強い仕事と腕の良さに定評があり、今も全国の造り酒屋から引きがある。

花巻市に生まれ、高校卒業後、東京でのサラリーマン生活を経て、この世界に身を投じた盛川さんも、そうした一人。二十三歳で勤めた岐阜県飛騨市古川町の渡辺酒造店を振り出しに、神奈川、埼玉、三重…。毎年、仕込みの秋から春にかけて、東海、関東地方などの十二の酒蔵で働いた。

東日本大震災は、岐阜県下呂市の高木酒造（現・奥飛騨酒造）で仕込みの道具を洗っていた時に起きた。テレビで沿岸部が津波にのみ込まれる惨状を目にし、「俺に何かできることはないか」と自問した。だが、酒造りの仕事がない夏場に地元で農作業のアルバイトをすることはあっても、被災地の蔵とは縁がないまま、三年余りが過ぎた。

そんな中、一四年夏、純米酒に通じた若い杜氏がいると知った喜久盛の藤村さんに「一緒に純米酒を造らないか」と誘われた。この年の五月に、慧太郎《けいたろう》君と日菜子《ひなこ》ちゃんの双子を授かったことで、ちょうど、他県への出稼ぎを諦めようと考えていた。「うまい地酒で全国をびっくりさせて、地元を元気づけてやろう」。二つ返事で引き受けた。

「よいさっ」「ほいさっ」――。

朝八時、廃業した白雲から借り受けた酒蔵。もうもうと立ち上る湯気の中から盛川さんの掛け声が響いた。一時間かけて蒸した米を、直径が人の背丈ほどもあるアルマイト製の容器「甑《こしき》」からスコップで掘り出し、蔵人の佐々木浄秀《きよひで》さん（48）、八重樫拓也さん（29）が抱えるおけに入れていく。

米を熱く蒸し、広げて冷ます、仕込みの第一歩。盛川さんが「大好きで特別」と感じるこの作業は、喜久盛では二週間に一度だけ。藤村さんも入れて実働四人の小さな蔵では、これが限界だ。

それでも、盛川さんは充実感で満ちている。

「岩手の米、岩手の水、岩手のこうじで、岩手の職人が混じりっけなしの純米酒を仕込む。言い訳なし。震災からの復活にふさわしい酒を造ってみせる」

頼もしげに笑う盛川さんが使う予定の米は三種類。うち一つは、かつて「幻の米」とうたわれた品種だった。

――「幻の米」絶やさず

「これが『亀』さ。丸いだろ」

岩手県北上市の喜久盛酒造と契約する地元の米農家、三浦和俊さん(60)が、十月に刈り取った「幻の米」を手のひらに広げた。この地で最も食べられているヒトメボレより、粒

蒸した酒米をスコップで甑から掘り出す盛川泰敬さん㊧

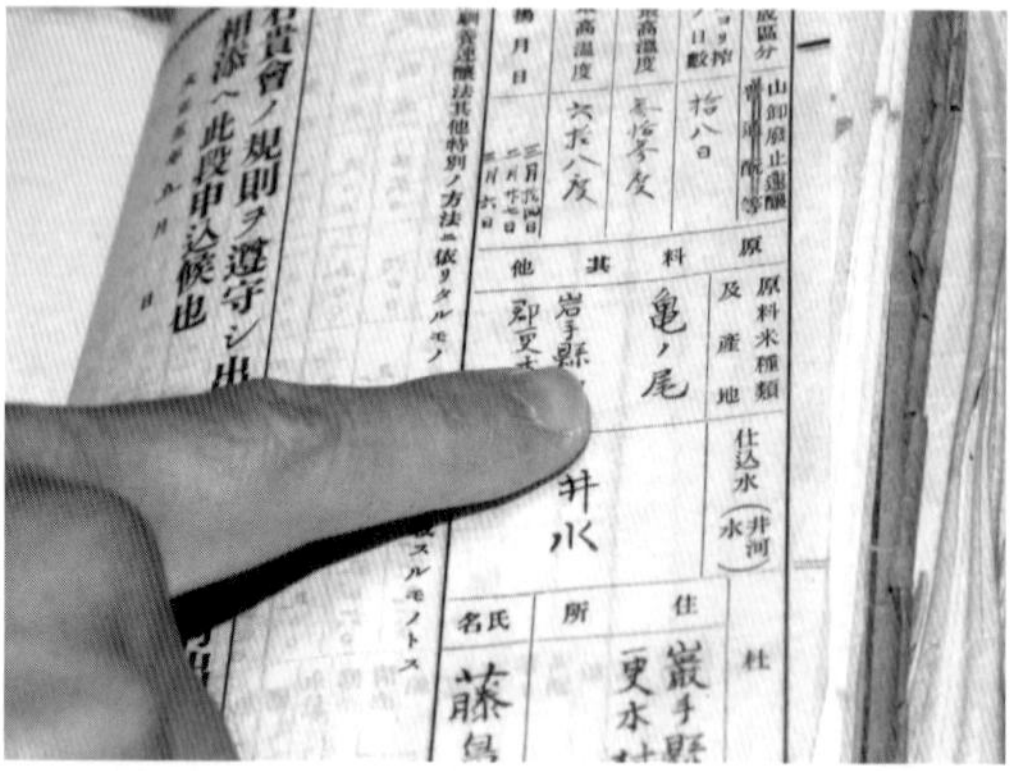

喜久盛酒造の古い記録に残された「亀ノ尾」の文字

がずんぐり。酒造用の精米に向くこの米、名は「亀の尾」。

寒さに強く、食べてよし、酒に仕込んでよし。東北地方では、戦前の一時期、最も盛んに生産された。ただ、稲の背丈が高く倒れやすいのが欠点で、品種改良された子孫のコシヒカリやササニシキにシェアを奪われ、一九七〇年ごろには、ほぼ姿を消した。

だが、「あの米で仕込んだ酒が忘れられない」という人がいた。酒どころ新潟の年老いた杜氏だった。この話を聞きつけた新潟の造り酒屋と農家は八〇年代、県内にわずかに残る種もみを取り寄せ、生産を再開。清酒「亀の翁《お》」として復活させた。その実話は、漫画『夏子の酒』のモデルになり、九四年にテレビドラマにもなった。

ちょうどその年、北上市にある新日本製鉄（現・新日鉄住金）の関連会社をやめ、専業農家に転じた三浦さん。偶然手にした雑誌で、亀の翁の話を読み「昔は岩手でも作ってたはずさ。この街でも『亀』の酒が飲めるようにしてえ」と夢を抱いた。つてを探し回って約十年、カメラのフィルムケース一つ分の種もみを手に入れると、二〇〇七年秋には玄米五百キロほどを収穫。

北上市唯一の造り酒屋の喜久盛に持ち込んだ。

「酒、造ってくれねえか」。蔵元五代目の藤村さんに頼むと、驚かれた。蔵に残る大正時代の帳面に、北上産の亀の尾で酒を造った記録があったからだ。「ぜひやってみたい」と応じてくれ、翌〇八年春、自宅近くの桜並木にちなんだ純米酒「展勝桜《てんしょうざくら》」が生まれた。

「夢の酒はうまがったね」

東日本大震災は、その三年後に起きた。幸い、家族も家も無事で自身は米を作り続けた。だが、観光客が減り、飲み屋に閑古鳥が鳴く地元の街を見るにつけ、「岩手は自信をなぐした」としか思えなくなった。

それから三年半余。震災で蔵が半壊し、ほそぼそとしか酒造りができなかった喜久盛が、震災からの本当の再起を図ることになった。展勝桜は昨年までの一升瓶八百本から、二倍近い千五百本に増産。加えて「鬼剣舞《おにけんばい》」など他銘柄もすべて、岩手産米を使った純米酒にこだわるという。

「日本中の銘酒と正々堂々、戦うってことさ。南部の酒の誇りを見せてほしい」。三浦さんが夢を膨らませていたころ、喜久盛の酒を扱う卸問屋もまた、気合を入れ始めていた。

――「復興特需」カヤの外

東日本大震災の発生から三年八カ月。新聞やテレビのニュースは、津波被害を受けた岩手県沿岸部の「今」を伝えていた。追悼イベントに、地域新聞の奮闘ぶり、そして新酒の仕込み――。

事務所で売り上げの帳簿をチェックしていた岩手県北上市の酒卸売会社「花巻酒販」の総務課長、佐藤清幸《せいこう》さん（53）は、新聞をちらりと見やり、ため息交じりに小さく笑った。

「内陸のこのへんで亡くなった人はほとんどいないから、おっきい声で『私らも被災者です』って言うのは気が引けますけ…」

花巻酒販は、喜久盛酒造が六十年前に設立。以来、仕込んだ酒の卸売りをほぼ一手に引き受け、地元の小売店や居酒屋など約二百店に置いてもらってきた。

良かったのは、景気が右肩上がりだった昭和五十年代。三月の決算前になると、毎朝トラックに一升瓶五百本を積み、あてもなく街に出た。「なじみの酒屋を回りゃ、夕方には空荷で帰ってこれたもんです」

だが、街の酒屋はやがてコンビニに変わり、晩酌には焼酎など日本酒以外の選択肢が増えた。今や、喜久盛の酒の販売量は、最盛期の二十分の一だ。

震災直後は、ある意味、ましだった。宿が確保しにくい沿岸部で支援、復旧活動をするボランティアや工事関係者らが大勢泊まり込み、酒を飲んでくれたからだ。が、それも一年ほどのことだった。

今春には、北上市の居酒屋から、びっくりすることを言われた。「これからは『浜千鳥』を使うから、喜久盛の酒はいらない」

浜千鳥は、六十キロ離れた沿岸部の街、岩手県釜石市の地酒だ。理由を尋ねると、申し訳なさそうに、「津波にのまれた沿岸部の酒の方が、被災地って感じがして売れるのさ。いわゆる特需ってやつさ」と。

言い方はよくないかもしれないが、「復興特需」からも取り残されたと感じていた一四年秋。喜久盛が、少し値は張るけれど、味の良い純米酒だけを造る酒蔵に衣替えすると知らされた。初しぼりの新酒ができるのは、十二月。「よし、これを機に、もういっぺんしっかり売って、盛り上げてやっか」と思った。ただ、一抹の不安を感じないでもなかった。「安価な（醸造用）アルコール添加酒を全部やめちゃって、本当に売り切れるんかな…」

そんな佐藤さんに、藤村さんは力強く言い切った。「切り札があります。ご心配なく」

――次世代へ願い込め

一三年四月、岩手県北上市の喜久盛酒造にかかってきた一本の電話が、五代目蔵元の藤村卓也さん（42）を仰天させた。

「こちら、トヨタ自動車の秘書部です。弊社社長の豊田章男が御社のお酒を気に入り、飲みたいと申しておりまして」

注文されたのは、純米酒「タクシードライバー」。トヨタ広報によると、工場視察で岩手を訪れた際、この奇抜な銘柄の酒を目にした豊田社長。子どものころの夢がタクシードライバーだったこともあり、飲んでみたいと思ったという。

そんな事情は知らされなかったが、藤村さんは日本を代表する財界人に注目され、うれしかった。早速、四合瓶十二本を送った。

この通称「タクドラ」。大好きな米国映画のタイトルにちなむ名で、ラベルには主演のロバート・デ・ニーロを思わせる白人男性の顔。三十歳で亡き父の後を継いで二年後の〇五年、デザイナー・高橋ヨシキさんとの企画で開発した。「デザインを気に入って思わず買う『ジャケ買い』

を、若者にしてもらう。そうすれば、日本酒の良さをもう一度広めるチャンスはあると思って」

瓶の中には極めてまじめな、濃厚なうまみのある酒が詰めてある。地元産の米を半分近く削り込む55%精米。醸造用アルコールは加えず、出荷前に水で薄めることもしない、いわゆる「原酒」で、アルコール度数が18~19度と高い。

ただ、簡単に狙い的中とはいかず、発売当初に盛り上がったのは一部の映画ファンだけだった。

転機は東日本大震災。蔵は半壊し、地元での販売不振にも悩んでいたその夏、「ほとんどやけっぱち」で向かった営業先の東京で、試飲した地酒専門店の社長がほめてくれた。「うまい。ぜひ扱わせてくれ」。その後、関東、関西で置いてくれる居酒屋が増え、一二年に仕込んだ一升瓶千本分を三カ月で完売。一三年は四千本を九カ月で売り切った。

傷ついた蔵での酒造りはそれが限界だったが、

純米酒「タクシードライバー」の瓶を見つめる藤村さん

「白雲」の蔵が借りられることになった。新たに招いた杜氏・盛川さんの下、看板商品として、一升瓶にして一三年の三倍の一万二千本分を仕込む。

「被災地はかわいそう、という気持ちが根っこにある一時的な特需に乗っても、本当の復活にはならない」と藤村さん。実は、妻・昌子さん（37）のおなかには、次男になる新しい命が宿っていた。出産予定は、新酒ができる一四年十二月上旬だ。

「息子たちが蔵を継ぐ未来に、味で勝負する南部（岩手）の酒を残していかないとね」。今も少しずつ崩れ続ける代々の蔵で、タクドラの瓶を見つめた。

宿の名は灯台《エルファロ》

6

2013年6月掲載

――女川励ます希望の光

朝七時、宮城県女川《おながわ》町の宿泊村「エルファロ」の食堂が開くと、パステルカラーの客室から宿泊客が次々と顔を出す。

復興工事の作業員やボランティアの学生、仮設住宅に暮らす家族に会いに来た帰省客。朝食を済ませ足早に宿をたつ一人一人に、エルファロ理事長の佐々木里子さん(44)が「いってらっしゃい」と声をかける。「食事、おいしかったです」「思ったより快適でしたよ」。客たちも笑顔でこたえる。

市街地の八割が津波にのまれ、人口の一割近い八百二十七人が死亡・行方不明となった女川町。海岸から車で数分の山あいに立つエルファロは、三十台のトレーラーハウスを並べた宿泊施設だ。

ピンクや緑の外壁は復興中の町には不釣り合いにも見える。「津波にのまれ、町に色がなくなったから。この宿から色を取り戻したいと思って」と佐々木さん。エルファロの意味はスペイン語で「灯台」。希望の明かりで町を照らす。そんな思いを込めた。

震災の日、家族で切り盛りしていた旅館「奈々美や」を津波に流された。父の七宮《ななみや》有三さん

＝当時（77）＝を亡くし、母・恵子さん＝当時（74）＝は行方不明のまま。四人の子どもと隣の石巻市に移ったが、食事中に突然涙が出たり、気持ちの不安定な日々が続いた。夫は東京で単身赴任中。旅館を再建する意欲は起きなかった。

町の商工会から「トレーラーハウスの宿泊村を造らないか」と話が舞い込んだのは、震災から八カ月後。町内の旅館はすべて被災し、作業員は遠距離通勤を強いられ、復興の足かせとなっていた。「親が大事にした旅館を続け、港でにぎわった女川を取り戻したい」。町内の旅館経営者三人と協同組合をつくり、二〇一二年十二月にエルファロを開いた。

宿はにぎわい、週末は四十八室の客室が満室になるほど。町中で浸水地のかさ上げ工事が進み、復興の一端を担う喜びを感じる。

「エルファロは、みんなのおかげで私たちがここまで頑張ってきたと、感謝を伝える灯台」。町がよみがえるその日まで光を届け続ける。その時には「奈々美や」を再建するつもりだ。更地となった町を見つめ、佐々木さんが力強く言葉を放つ。

「おだづなよ（ふざけるな）津波。女川は負けねえよ」

「エルファロ」で宿泊客とふれあう佐々木さん(手前右)

――町民輝かせる黒子に

「夏は広場で、宿泊客と住民を交えたバーベキューや演奏会をやりたいですね」

「フラメンコをしたいって人もいるのよ」

「そりゃ、すごい」

女川町の復興を支援する小松洋介さん（30）と、エルファロ理事長の佐々木さんが打ち合わせで声を弾ませる。

宿の中央にある広場は客の憩いの場であり、イベント会場も兼ねる。一日には町内の飲食店主らが開発中の「女川カレー」の試食会を開き、宿泊客が「なかなかいけますよ」と講評した。一泊六千五百円のエルファロは宿泊施設にとどまらず、復興につながる交流の拠点を目指す。

スペイン語で「灯台」を意味する宿泊村の仕掛け人が、小松さん。元リクルート社員で、結婚情報誌「ゼクシィ」の営業をしていた。震災時は札幌で勤務。仙台市の実家に被害はなかったが、新人時代に担当した宮城県沿岸の結婚式場が軒並み流され、ショックを受けた。

休暇を取りボランティアもした。被災地は満足な食事もないのに、札幌に戻るとみんな普通の生活をしている。「ギャップに耐えられなくなった」。震災の半年後に退職。復興に貢献しよ

う と「地方活性化の黒子」という名刺を作り、被災地を駆け回った。
「ニーズを把握し、解決策を探るノウハウは営業と同じ」。

復興工事が始まった被災地では、宿泊施設が不足していた。平地の大半は建築制限がかかる。そこで、建築物とみなされないトレーラーハウスの活用を考えた。各市町村で提案し、興味を示したのが女川町商工会。旅館を流された佐々木さんや遠藤健一さん（72）らが小松さんらの段取りで協同組合をつくり、エルファロが誕生した。

一二年末のオープン式典では、町長らがあいさつする会場を離れ、交通整理にあたった。「私はあくまで黒子なので」。式典前、遠藤さんから感謝の言葉をかけられていた。「あんたは私たちを育ててくれた。銅像を造ってあげたいほどだ」。それで十分だった。

小松さんは現在、女川町復興連絡協議会の一員。仮設商店街での新規開店や観光客向けの漁業体験など多くの事業に携わる。町民にも頼りにされている。「でも、復興に本当に大事なのは地元の人の努力」。自分はこれからも黒子。その信条は変わらない。

――最前線の疲れを癒やす

「がんばっぺ女川」

通勤途中の自動販売機裏に書かれた文字を背に、歩いて五分の事務所へ。仙台市出身の鈴木優さん（26）は、四月からエルファロに泊まり、町の復興事業に携わっている。

詳細な町の将来計画図を住民に分かりやすく書き直したり、各業者向けに図面を作る「コンピューター利用設計システム（ＣＡＤ）オペレーター」の仕事を任されている。

「二年たって、やっとがれきが片付いた程度。もっと進んでいると思っていたけど、復興は始まったばかりです」

作業着姿で通勤していたある日、路上で地元の男性に声をかけられた。「女の子一人で仕事に来てくれて、ありがたいな」。自分が感謝されるなんて、思ってもいなかった。肌寒さが残る朝、心が少し温かくなった。

仙台市でコンピューターの専門学校に通っていた当時、卒業後は「ＩＴ企業が多く、あこがれの東京に行きたい」と考えていた。二年生の三月に震災が発生。「復興に携わりたい」と決意し、一年後に仙台市の測量会社に入社した。一三年四月から復興事業を担う共同企業体に出向。会社が宿泊先に選んだのが、エルファロだった。

午前七時に出勤し、三食とも事務所で済ませ、午後八時に戻る日々。復興の最前線で町が新しくなることを肌で感じる。コンピューターと向き合い、思い通りに図面が作れた時の満足感は格別だ。「基礎の基礎をつくっている。手を抜くことはできない」と肝に銘じる。

津波で街灯がなくなり、帰りの夜道は暗い。スペイン語で「灯台」を意味する名の通り、カラフルなエルファロが見えるとホッとする。「おかえりなさい」「ただいま」。自宅のように迎えられると、安心して一日の疲れが取れる。

女川には三年以上は滞在する予定。だから町に来る直前、三年間交際していた仙台市の雄太さん(27)と結婚した。新婚生活は週末だけ。女川は第二の故郷と感じ始めている。

将来子どもができたら、女川の高台から町を見せて、こう伝えたい。

「お母さんがここをつくったんだよ」

少しずつ形を取り戻している町を見ながら、心に決めている。

エルファロから職場に向かう鈴木さん。「がんばっぺ女川」のフレーズを心に刻む

――故郷の色焼き付けて

マーガレットにウミネコ、オリーブ、きらめく波。エルファロのルームナンバーは、四十八室すべて鮮やかなスペインタイルで彩られている。

「これは私たちのデビュー作なんです」。震災後に生まれた地元のNPO法人「みなとまちセラミカ工房」代表の阿部鳴美さん（52）が、いとおしそうにプレートに触れる。

震災前から町内の陶芸教室に長年通っていたが、津波で仲間の一人を失い、活動拠点の公民館分館も流された。半年後、陶芸から離れていた阿部さんに、地元の美術教師が勧めたのがスペインタイル作りだった。

スペイン北西部のガリシア地方は地形や人口規模

一番最初に取り付けた307号室のルームプレートを磨き、当時を懐かしむ阿部さん

が女川と似ており、津波の被害から復興した歴史もあるため、新たな交流が始まっていた。千度近い高温で焼かれ、数百年間も褪《あ》せない極彩色のタイルを見て、「これなら何もなくなった町を明るくできる」と心ひかれた。

東京の教室に通い、陶芸仲間ら女性六人で一二年六月、仮設商店街に工房を設立。町の新たな名物にしようと、大漁旗を掲げた漁船など女川らしい絵柄のコースターやマグネットを作り始めた。

そこに目を付けたのが、町復興連絡協議会の小松洋介さん。「年末に完成するエルファロのルームナンバーを作りませんか?」と阿部さんを誘った。エルファロ理事長の佐々木さんも「鮮やかなデザインで部屋の入り口を明るくしてほしい」と喜んで受け入れた。

注文を受けたタイルを手渡すことを、阿部さんらは「嫁入り」と呼んでいる。「気持ちを込めた作品は娘のようなものだから」。初めてエルファロに「嫁入り」させた時は、涙があふれた。

女川町は三千三百世帯のうち、今も千五百世帯が仮設住宅などで暮らす。阿部さんら工房の六人も全員、家を失った。落ち着いて陶芸に励む状況とはいえないが、そんな環境だからこそ「工房が心の支えになっている」と口をそろえる。

無地のタイルに絵を描き、色を付けていく。阿部さんには、その過程が町づくりと重なって映る。

「女川は新しく生まれ変わる。そのときは公園から遊歩道、店の看板まで、町中をスペインタイルでいっぱいにしたい」

七色に輝く町の未来を思い描く。

――客との接点が生きがいに

六月というのに女川町の夜は一〇度を下回り、海からの風は冷たい。「温かくしてお休みください」。エルファロのフロント係、佐々木達也さん（30）が宿泊客に優しく声をかける。最近、ようやく仕事がさまになってきた。

震災前はパチンコ店の従業員。津波で店が水につかり、再開のめどが立たず解雇された。宅配便の仕事もなじめずに半年で辞めた。知人の紹介で一三年三月からエルファロで働き始めた。

宿の客は復興作業に携わる長期宿泊者が多い。朝早く出かけ、夜遅く帰る客とゆっくり話す機会は少ない。それでも、一カ月間滞在した中年の男性がチェックアウトの日、「私も頑張るんで、頑張ってください」と声をかけてくれた。県外の人だろう。町への励ましにも聞こえた。以前の職場では聞かなかった言葉。帰りの車の中でかみしめ、仕事にやりがいを感じた。

佐々木さんは震災で祖母の塚下つる子さんを亡くした。最初の孫で、一番かわいがってくれた。毎月十一日、線香と花を持って墓に訪れる。エルファロに就職後、「新しい仕事に就いたよ」と手を合わせると、「頑張ってね」と言われた気がした。

約二十人のエルファロのスタッフも、多くが被災者だ。清掃担当の斉田さつ子さん（64）もその一人。「仮設住宅にずっといると、頭がおかしくなっぺ。働いている今は晴れ晴れすっぺちゃ」女川港から船で十五分の出島《いずしま》に住み、津波で家を失った。夫は五年前に亡くなり、三人の子どもは既に島を離れている。「島にはもう戻れねえな」と思いつつ、職場で明るく振る舞う。独身の長男（37）を話題に「誰か嫁さ来てけらい」と仲間の笑いを誘う。

客のいない間に、シーツの取り換えやバス・トイレを掃除する仕事。ある部屋で、出島の作業用の地図が置いてあった。顔も知らないお客さんだが、自分の故郷で復興の仕事をしてくれている。「明日も頑張ってもらうため、きれいにすっぺ」と心でつぶやく。

スペイン語で「灯台」を意味するエルファロ。鮮やかなパステルカラーに染まった宿は、傷つきながら女川で生きるすべての人々に、今日も希望の光をともし続ける。

※行方不明だった七宮恵子さんは、捜索で見つかった遺体の中から、二〇一三年六月十一日に身元が確認されました。

7

黴《かび》ニモ負ケズ　錆《さび》ニモ負ケズ

2014年5月掲載

――仮移転した博物館

津波で街が流され、茶色い更地が広がる岩手県陸前高田市の旧中心部から、二十キロ弱。車を四十分ほど走らせた緑深い山あいに、鉄筋コンクリート二階建ての白い建物が見えてきた。

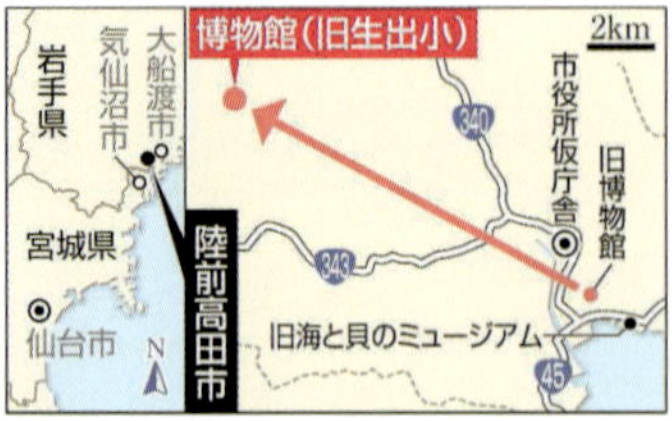

二〇一一年三月の震災から間もなく、津波被害ではなく少子化のために閉校となった生出《おいで》小学校の校舎だ。

げた箱が並ぶ昇降口には、ビールケース大のプラスチック製の箱がいくつも。水が張られ、木や金属の古い大工道具が沈んでいる。廊下の壁には「黴《かび》ニモ負ケズ　錆《さび》ニモ負ケズ」の張り紙。「職員室」の札が掛かった部屋に入ると、数人の女性が紙の資料を丁寧にはけで水洗いしていた。

「すごい山奥でしょ。冬は雪で大変なんです」。かつての保健室、今は事務室になっている部屋でパソコンに向かっていた熊谷賢さん（47）が苦笑した。唯一生き残った市の学芸員だ。

あの日、海沿いの市街地にあった市立の博物館、図書館、埋蔵文化財整理室、海と貝のミュージアムの四施設は全て、濁流にのまれた。職員計二十七人のうち、学芸員三人を含む十九人が死亡・行方不明に。国の登録有形民俗文化財の漁具をはじめ、民俗資料、埋蔵文化財など収蔵品四十一万点もがれきに埋まった。

熊谷さんが文化財の〝救出〟を始めたのは、駆り出された避難所の業務が一段落し、市職員がそれぞれの持ち場に戻り始めた三月末。自らも家を流され、避難所の詰め所で寝泊まりしていたが、職場だった博物館のことはずっと気になっていた。

博物館での勤務経験のある同僚らに声を掛けた。自衛隊の協力も得て三十一万点を掘り出し、後に博物館の仮庁舎となる旧・生出小まで、トラックで何往復もして運び込んだ。

それから三年、今なお続くのが「安定化」の処理。生活排水や油を含んだ海水に漬かった文化財にかびが生えないよう、洗浄から除菌、塩抜き、乾燥まで。一連の作業には、長くて三週間以上かかる。

「時間との闘いですよ」と熊谷さん。窓が多く温度や湿度を一定に保てない学校施設は、文化財の保存には向かない。新たに入れたエアコンと除湿器をフル稼働させ、気温一八～二〇度、湿度50～60％に管理。臨時職員の地元の主婦を含む十七人が一日八時間作業するが、処理が終わったのは十四万点。まだ半分弱だ。

ただ、「いつ終わるか分からない」と言う熊谷さんにも、着実に前進しているとの実感がある。当初のがれきや泥の中から収蔵品を見つけ出す作業。あれには難儀した。そんな中、大きな手掛かりになったのが「小山さんのタグ」だった。

――手掛かりはあのタグ

書き手の人柄がにじむ、大きさのそろったきちょうめんな文字。

「資料名　イサリ　平成18年3月25日受入」

市立博物館の仮庁舎に集められた漁具や民具。学芸員の熊谷さんの視線の先には、ばんそうこうより一回り大きい、ラミネート加工されたタグ。登録番号や寄贈者などが記されている。

「がれきから収蔵品を捜す時、これがすごく大きかった」

取り付けたのは臨時職員だった小山典子さん。二十年ほど前、アルバイトで貝塚の発掘調

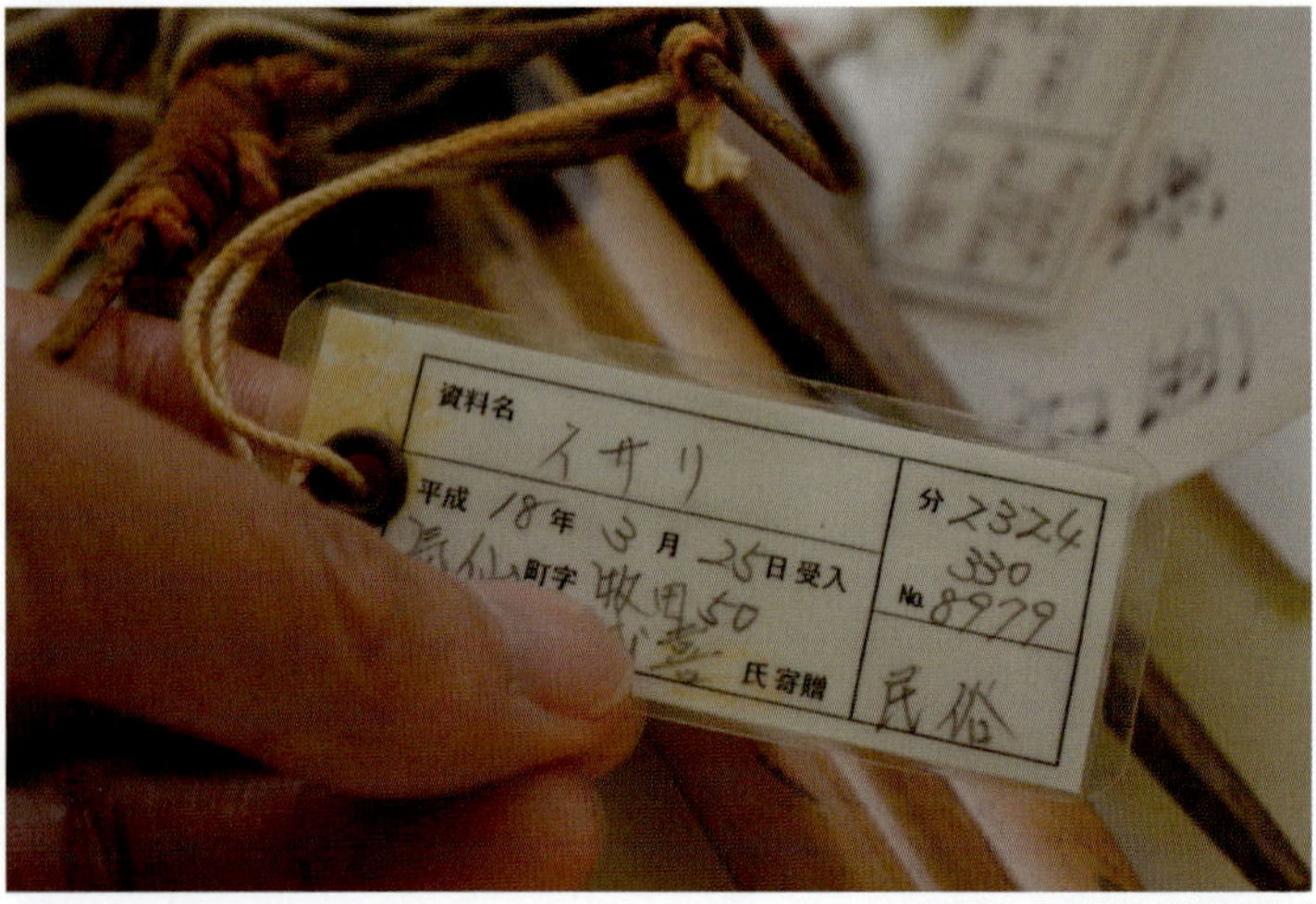

小山典子さんが取り付けた防水タグ

査に参加したのがきっかけで働き始めた。以来、資料の記帳など細かな仕事にも手を抜かず、収蔵品の置き場には誰よりも詳しくなる。館長の本多文人さん（75）は「『あれが欲しい』というと、すぐに出してくれた。どこに何があるか、全部分かっていましたからね」。

小山さんが臨時職員になって二年ほどしたある日。熊谷さんは収蔵品のタグをラミネート加工して付け替えるよう頼んだ。それまでの紙のタグが扱っているうちにすぐに破れていたからだが、その数、二万三千点。地道な作業だった。

窓がなく、スチールの棚が並ぶ薄暗い収蔵庫。小山さんは、縦二センチ、横五センチの細長い紙に資料名などを書き込み、ラミネートを施して穴を開け、ひもで結わえていった。あの日、五十三歳で津波にのまれて行方不明になるまでの十五年間で、全体の半数の一万点余りを仕上げた。

震災の二十日後から始まった収蔵品の掘り出し。鉄筋二階建ての博物館は、津波に流されたがれきや泥、車で埋め尽くされていた。日ごろから連携していた県内各地の博物館の学芸員に加え、協力してくれたのが自衛隊。だが、彼らに専門知識はない。漁具や民具を見つけても、資料的な価値があるのか見分けられなかった。

手掛かりになったのが、あのタグ。ラミネートが防水の役目を果たし、ひと目で分かった。台帳も流されたため、タグは今、資料を再整理する際の貴重な情報源にもなっている。

「津波で流された時に役に立つなんて、想定もしていなかった」と話す熊谷さんに、小山さんの夫、仁一さん（62）は「特別なことをしたわけではない」と多くは語らない。だが、企画展の準備に忙しいことなど、家でも仕事の話をしていた妻の姿が、今も時々思い浮かぶ。「二十年間もまじめに、一つ一つこなした仕事が生きたんでしょう」

生き延びた人、犠牲になった人。多くの人々の力で助け出された文化財。ここから、世界的にも前例のない困難な作業が始まることになる。

――かつてない難題に挑む

避難した市役所の屋上からは、街を襲う津波が見えた。熊谷さんは今も、あの色が頭にこびり付いて離れない。

「波といってもきれいな海水じゃない。本当に真っ黒だった」。

下水、油、泥などが混じった波は、郷土の文化財も、のみ込んだ。

博物館や「海と貝のミュージアム」など市内四カ所の文化施設から回収された収蔵品は、三十一万点。海水をかぶった書物は二週間もすると、すえたような腐敗臭を放った。

膨大な資料の劣化をいかに食い止めるか。津波を受けた文化財の修復処理は前例がなく、国

処理前の文化財は劣化しないようマイナス19度の冷凍庫で保管されている

際的にも確立された手法はなかった。

取りあえずの選択肢は二つ。乾燥を優先させて取り急ぎ劣化を止めるか、それとも除菌と脱塩を経て乾燥させるか。文化財の保存や修復に詳しい岩手県立博物館学芸員の赤沼英男さん（56）、東京国立博物館保存修復課長の神庭《かんば》信幸さん（59）らと検討を重ねた結果、選んだのは後者だった。

木製品ならそのまま、ひもとじの書物なら一枚ずつ外し、水に入れてまずは泥を取る。家庭用の消毒液にも使われる次亜塩素酸ナトリウム水溶液に、三十分から一時間さらして除菌。数日から数週間ほど水に漬けて塩分を抜いた後、木のひびや紙のしわを防ぐため、真空状態で凍らせながら乾かしていく。

この方法だと一連の処理に長くて三週間以上かかるが、塩分や雑菌はほぼ除去できる。もし乾燥を急げば、かびの発生や劣化が始まる恐れがある。文化財を長く安定的に保管するための判断だった。

しかし、これも万能ではない。水に入れると字が溶けるインクで書かれた書簡や、絵の具が剥《は》がれる恐れのある油彩画など、対応できない物も多い。

三十一万点のうち処理が済んだのは、油性インクで印刷された紙資料や木製の民具など十四万点。数の上では半分が終わったが、「本当に難しいのはこれから」と神庭さん。水溶性インクの書類や油彩画などは、試行錯誤しながら修復方法を見つけ出す。それまでは劣化しないよう氷点下一九度の冷凍庫などに収めておくしかない。

赤沼さんは「全ての処理を終えるには十年以上はかかる」と覚悟するが、「ここで培った技術がいずれ役立つ時が来る」とも思う。東日本大震災級の被害が想定される南海トラフ巨大地震などに備え、ノウハウをまとめて世界に発信していくつもりだ。

かつてない難題に挑む専門家たち。一方、文化財の漁具の修復では、三陸の海と共に生きてきた元漁師の手を借りることになる。

――漁具に心を入れる

熊谷さんは、地元の海とともに生きてきた元・漁師、村上覚見《かくみ》さん（80）の力を借りることにした。がれきから掘り出された国の登録有形民俗文化財「陸前高田の漁撈《ろう》用具」一式の調査や修復を手伝ってもらうためだ。

毎週木曜、近くに住む博物館の職員が車で迎えに行き、山あいの旧・生出小学校に入る市立博物館まで、四十五分かけて来てもらう。

仕事は主に二つ。一つは、海水をかぶり、脱塩や除菌といった「安定化」のために解体された漁具を、伝統的な技法で再び組み上げること。もう一つは、自らの経験をもとに、漁具の使い方や作り方を学芸員に伝えること。

「このひもは波で流されないよう船に結んでおくのさ」。海底をのぞく「箱めがね」を手にした村上さん。ひもが付けられた場所を見てつぶやく。「よっぽど波の穏やかな海で使ってたんだな」

北からの親潮と南からの黒潮がぶつかり、豊かな漁場となる三陸地方。明治から昭和の二千点からなる「漁撈用具」は、地域を象徴する収蔵品だ。台帳を津波で流され、資料にまつわる情報を失った博物館にとって、昔を知る生き字引の経験や証言は、「漁具の記憶」を呼び起こすための頼みの綱になる。

漁師の家に生まれた村上さんは、十歳で漁に出た。学校から帰ると父に連れられ、ブリやヒラメ、タラを一本釣りした。二十歳前に親元を離れ、貨物船の乗組員になってからも、休暇で故郷に帰れば、必ず海へ。いろいろな人の漁を手伝ううち、人によってやり方が違うことに気づく。

漁網の広げ方、舟をこぐ櫂《かい》の長さ。十人十色の流儀は、愛用の漁具にも表れていた。

「漁師は知恵を絞って道具も工夫するのさ」

博物館とは二十年ほど前から関わってきた。当時の館長に頼まれ、家々に残る古い漁具の収集を手伝った。「道具を残すことは漁師の工夫を残すこと。それが陸前高田の漁業文化を守ることにつながるから」。震災後、博物館に修復の助言を求められた時も、ためらいはなかった。

「『モノ』は情報がなければ、ただの『モノ』。村上さんには、そこに『心』を入れてもらっています」と熊谷さん。地域に根差した「モノ」の情報の蓄積。博物館としてそれを果たすことが、「陸前高田らしい復興」につながる、と意を強くしていく。

学芸員に漁具の使い方を説明する村上さん

――人を育てる博物館に

街から離れた山あいの旧・生出小学校の校舎で、収蔵品の修復を続ける岩手県陸前高田市立博物館。津波で建物を失い、仮庁舎として使い始めた当初、市役所では「旧・生出小」と呼ばれていたが、一二年四月に正式な博物館となった。この春には新博物館建設を検討する話し合いも始まった。

開館時期や場所などはまだ白紙。学芸員の熊谷さんは「以前の博物館のように、来る者を拒まず、という雰囲気がいい。当たり前のことだけど、子どもたちが気軽に出入りできるような」と考えている。

被災する前の博物館には、「子ども研究室」という場所があった。珍しい昆虫や石などを見つけた子どもがやってきては、図鑑をめくっていく。答えは決して教えない。自分で考える力をはぐくむ狙いだった。

その中に一人、足しげく通う地元の少年がいた。大の昆虫好き。「かわいがってたやつでね。一緒に昆虫採集も行った」。子どものころから歴史が好きで、しょっちゅう博物館に出入りしていた自分と重なった。

その少年、高橋康浩さんは、隣の大船渡市の北里大海洋生命科学部で学芸員の資格を取り、一〇年四月に市の「海と貝のミュージアム」に臨時職員になって帰ってきた。

回遊魚の調査など仕事に励む高橋さんに、熊谷さんは頼もしさを感じていた。「おまえも役に立つようになったんか」。一一年四月には嘱託の学芸員になることが決まっていた。その直前、津波の犠牲になった。二十三歳だった。

回収した貝の標本を確認する熊谷さん

「文化財の残らない復興は本当の復興ではない」

旧・生出小校舎の壁には、博物館の合言葉を書いた紙が張られている。

修復した文化財を子どもたちに見てもらい、高橋さんのような学芸員が出てくるのが理想。「博物館は人を育てる場所。そういう連中が一人でも二人でもいると心強い」と熊谷さん。ただ、研究者をつくることが目的でもない。

目指すのは「復興の道しるべ」となること。これからの陸前高田を支える子どもたちに、歴史や文化を伝え、郷土を思う心を育てていかなければならないと考えている。

震災でただ一人生き残った市の学芸員として、感じることがある。

「俺は博物館の神様が生き残らせてくれたのかもしれない。おまえは博物館を何とかしろ、って」。博物館の再興が、まちの再生につながると信じている。

潮騒のホルモン

8

2013年7月掲載

――生きることは食べること

家の土台ばかりが残る光景を横目に、宮城県気仙沼市の港から歩くこと十分。復興商店街の脇にある「ホルモン道場」の戸を開けると、脂まじりの煙が鼻に飛び込んできた。

棚からぶら下がった品書きは、ホルモン以外はハツ、タン、レバー、それとご飯のみ。客は腹いっぱいになるまで注文を繰り返す。

「気仙沼じゃあ店でも家でもホルモン。花見や祭りでも七輪《しちりん》使って、みんなで食べるのが当たり前だべっちゃあ」。常連客の元・消防士、菊田清一さん（65）が梅割り焼酎を片手に解説する。

市内各地にあるホルモン専門店には、共通のレシピがある。

（1）豚の生ホルモンをニンニク入りのみそだれに漬け込んでおく

（2）ホルモンを七輪で焼く

（3）皿に千切りキャベツを置き、ウスターソースをかける

（4）ホルモンをキャベツに乗せて食べる

「子どものころから、日本中こうやって食べてると思ってた」と菊田さん。最近は「気仙沼

ホルモン」と呼ばれ知名度が上がってきたが、地元では今もただ「ホルモン」だ。

ホルモン道場はニンニクのきつさが特徴。菊田さんと店を訪れた医師の村岡正朗さん（52）は「次の日、患者さんに『先生、道場行ったべ？』って必ず言われんだ」。傍らで、店主の白幡正弘さん（50）が苦笑する。

かつて海沿いにあったホルモン道場の店舗は、あの大津波に流された。自慢のみそだれや七輪も。気仙沼市は震災で千三百人以上が死亡・行方不明となった。菊田さんも、姉のように慕ったいとこや、おいを奪われた。「いろんなことがありすぎて、楽しむことは悪い気がした」。毎週のようにほおばっていたホルモンも口にしなくなった。

気持ちが少し落ち着き、精肉店で買ったホルモンを自宅で食べたのは、震災から五カ月後。懐かしい味が、口の中で広がった。

「ああ、うめえ。生きてて、えがったあ」

生き残った自分を素直に認め、前を向くきっかけになった。

ウスターソースをかけた千切りキャベツに乗せて食べるのが気仙沼ホルモンの流儀

ホルモン道場も、震災の七カ月後に再開。菊田さんや村岡さんのように、なじみの客が少しずつ集まるようになった。最近も、昔の常連が久しぶりに顔を出した。「場所が変わったから、店さ来《く》んのに三時間もかかった」。軽い冗談に、店主の白幡さんも返す。「地震で店が動いたんだ」。店内を覆う煙に、笑いがこだました。

それにしても、気仙沼は日本有数の漁港を持つ。魚ならいっぱいある港町でホルモンが名物となったのは、なぜなのか?

——陸に上がったら一直線

船から揚がったばかりのカツオが次々と箱詰めされ、全国に出荷されていく。気仙沼市の魚市場が、カツオの豊漁に活気づく。忙しく作業

気仙沼ホルモンを囲んで語り合う菊田さん㊧と村岡さん

するのは高齢の元船員たち。およそ半世紀前、気仙沼ホルモンは彼らのために生まれた。「陸《おか》に上がったら、まずホルモン。店に近づくと、肉のにおいがプーンとしてな」。十八歳から遠洋漁船に乗り組んだ小松進平さん（69）が往時を振り返る。市場仲間の佐藤求さん（62）も「煙がもうもうと立ち込めて。それがまた、いいんだでば！」と昨日のことのように情景を語る。

戦後の混乱期を抜け、日本が復興を遂げつつあった昭和三十年代、気仙沼も遠洋漁業の拠点として活気づいた。カツオやマグロを追いかける洋上暮らし。つらいことの一つが、食だ。とにかく新鮮な肉と野菜が食べられない。

「貧乏会社の船に乗ると、食べるのは捕った魚ばっかり」と小松さん。そこに、安上がりなホルモンをキャベツと合わせて出す店が港に登場した。荒海から戻った船乗りが詰めかけ、次々と専門店が誕生したわけだ。

小松さんが通ったのは気仙沼で最初のホルモン店「助六」。佐藤さんは「ホルモン道場」の常連。屋台に毛が生えたような小さな店で、名も知らぬ船員同士が意気投合した。「あのころの仕事は過酷でな。サメにかまれたり、網に体が引っかかったり」。新鮮なホルモンとシャクシャクとした歯応えのキャベツにかぶりつき、無事に帰れた喜びをかみしめた。

定年で船を下り、港の水産会社で働く小松さんたち。大震災が起きた時は「この世の終わりか」

と思ったという。街はヘドロで覆われ、倉庫から散乱した魚の臭いが立ち込めた。最近は港に活気が戻りつつあるが、「元から比べたら何分の一。復旧まであと何年かかるんか」と話し合う。

九月で七十歳になる小松さん。震災後、まだ仲間とホルモン店には行っていないが、月に二、三回は自宅で食べる。鉄板で焼くから店みたいに煙は出ないけど、ホルモンをほおばると、昔のにぎわいを思い出す。「水産業は気仙沼の基幹産業だから、みんなで頑張らねば。俺も体の続く限り、働ぐがら」

海の男に愛された気仙沼ホルモン。だが、地元以外では知られていなかった。それをもっと広めようと考える男たちがいた。

――僕らをつないでくれた

宮城県気仙沼市の老舗洋菓子店の五代目、小山裕隆さん（35）が町おこしグループ「気楽会」を設立したのは、二〇〇六年秋のこと。東京での修業を終え、帰ってきた故郷で若者の姿を見かけず、「なんか、おとなしいな」と感じたのがきっかけだった。

顔の広い地元紙の記者・三浦一樹さん（32）と飲み会で知り合い、「人を集めて楽しいことをできないか」と相談すると、水産会社の後継ぎや酒屋の店主、県庁職員ら同世代が集まった。

活動のアイデアを練る中、小山さんが提案したのが「ホルモンを有名にするの、どうだべ？」。東京暮らしで、豚のホルモンをキャベツと一緒にほおばる食べ方が独特だと気づいていた。「子どものころ、ガムみたいに味がなくなるまでかんでいた」（三浦さん）と誰もがなじみ深い食べ物。賛同した。

週末ごとに市内の店をめぐって味見し、観光客向けに食べ歩きマップを制作。「他の店と比べられたくねえ」という職人かたぎの店主には、何度も断られながら掲載を承諾してもらった。県内外で各地の名物料理と「対戦」する企画も。テレビや雑誌で紹介され、知名度が上がってきたころ、あの震災が起きた。

小山さんや三浦さんは自宅を流された。親を失った仲間も。それでも震災の一週間後、市役所前に集まり「自分たちができることを何かやろう」と誓った。「みんな、いろんなものを背負いながら、すごい使命感があった」と小山さんが共通の思いを語る。

「できること」は、やはりホルモンだった。ボランティアセンターに七輪を持ち込み、全国から集まったボランティアに振る舞った。「来てくれて、ありがとう」と、お礼付きで。カップ麺ばかり食べて活動していた若いボランティアは「おいしいです」と涙を流した。その情景に三浦さんも目頭が熱くなった。

「震災後、ホルモンがもう一度、僕たちをつないでくれた」

今もアパート暮らしの小山さんは、復興に向けた市民委員会や観光推進団体のメンバーとなり、忙しい日々が続く。気楽会は、復興に向けて歩む魚市場や商店を観光客に紹介するガイドを始めている。最近は仲間でホルモンをつくく機会も少なくなった。それでも、会を設立した時の宣言文、「わが街のすばらしさを地域内外に発信する」という思いは変わっていない。

震災後も気仙沼の人の心を慰めたホルモン。その一方で、以前のようにホルモンを食べられなくなった被災者たちもいる。

——買える人、買えない人

ニンニクみそに漬け込んだホルモンを袋に詰め込んでは、プラスチックの箱に並べていく。「今ちょっと、あわててんのよね」。と、言いながら、宮城県気仙沼市の精肉店「ミートよねくら」の米倉スミ子さん(73)の口ぶりは、どこかのんびりしている。「百袋注文があったの、忘れてたのさ。三十分後に取りに来るって」

昭和三十年代に漁師の間で広まった気仙沼ホルモン。十数年たつと、住民も自宅や仲間内で楽しむようになった。一九六七(昭和四十二)年に夫の豊治さん(79)と港近くで始めた店は、市内で最初に味付けホルモンを売り出したといわれる。

あの震災で、逃げ遅れた二人は店の二階で津波にのまれた。互いに体を引っ張り上げたが、天井近くまで水が押し寄せ「これで死ぬんだ」と覚悟した時、水が引いた。一緒に働いていた従業員の女性は亡くなった。

自宅を改装して再開した店でも、客の半分はホルモンを買っていく。「息子が東京から帰ってくっから、ごちそうすんだ」「会社の仲間と震災後、初めてのバーベキュー」。なじみ客と会話が弾む。

「こんにちは。変わりないですか」。近くの紳士服店に勤める内海文枝さん（55）が久しぶりに顔を出した。震災前は店の近所に住んでいた

なじみ客の注文を聞く米倉豊治さん㊨、スミ子さん

が、今は仮設住宅で家族と暮らす。この日、買ったのは豚バラ。震災後、ホルモンは買っていない。

以前は自宅の庭で、長男が入っていた草野球チームのママ友を招き、よくホルモンパーティーをした。「においが出るから、仮設ではね。まだ心の余裕もないし」。寂しげな笑顔を浮かべる。

家を再建したくとも、自宅跡のかさ上げ工事は早くて三年は必要。平地が少ない市内の土地は高騰し、仙台に引っ越したママ友も。パーティーをしようにも「みんなバラバラになっちゃって」。

先が見えないのは、米倉さん夫婦も同じ。震災から二年目まで、ボランティアや自衛隊員が自宅や知人に送るのに買ってくれた。最近は人が減り、売り上げも落ちた。「今年に入ってから、ずっとひまなんだよねえ」。やはりのんびりした口ぶりのスミ子さんだが、声の響きは重い。

百袋の大口注文をした客が店に現れた。豊治さんがホルモンを手渡し、笑顔で見送ると、少し静かになった店内で宙を見つめた。「これからどうなるんだか…」。傍らでスミ子さんが寂しそうにほほ笑んだ。

先の見えない暮らしが続く住民たち。そんな中、偶然の出会いから、仮設住宅にホルモンを届けているグループがいる。

――これからも元気の源

偶然が重なった時、物語は始まる。

東日本大震災の一カ月後、宮城県気仙沼市の会社員・小野寺克弘さん(39)は、家を流された友人の激励会を開いた帰り、深夜の路上で道に迷っていたスリランカ人のボランティアたちに出くわした。

スマトラ沖地震で母国が日本の支援を受けた恩返しに、関東から来たという。彼らを目的地へ案内すると、後で支援者の日本人からお礼の電話があった。B級グルメの祭典「B―1グランプリ」関東大会の実行委員をしているというので、「気仙沼にも名物のホルモンがあって」と話題にすると、「出場しません?」と誘われた。

ホルモンをPRしていた町づくりグループ「気楽会」に話を伝えたが、中心メンバーが被災し、県外の活動は難しいという。「だったら自分たちで」。知人で福祉団体職員の佐藤由美子さん(56)に相談し、「気仙沼ホルモン同好会」を設立。B―1関東大会にゲスト出展したのを皮切りに、兵庫や千葉、札幌など各地の復興支援や観光PRの行事でホルモンを焼いた。

「支援のお礼を食で伝えることができた」と喜ぶ小野寺さん。一方で市内に戻るたび、気になることも。ボランティアの姿が減り、小さな仮設住宅では支援者を見かけなくなった。その仮設でも、若くて仕事がある人ほど早く引っ越し、お年寄りが目立っていた。

「地元で自立できない人も多い。おいしいもので元気づけたい」。一二年十月から仮設でホルモンを振る舞う活動を始めた。百食近く作っても、三十分でなくなる人気ぶり。「久しぶりに食べたあ」「やっぱり、うんめえなあ」。みんなが笑顔になる。

仮設を回る活動には、震災のため商売をやめたり、サークル活動の拠点の公民館を流された主婦らも参加した。佐藤さんの知り合いで、当面の目的がない彼女たちの「支援」でもある。「久しぶりに外へ出るわ」と張り切り、仮設で再会した知人と「ああ、なんだい、元気にしてたの?」と会話の花を咲かせる。「ホルモンは食べ物としてだけでなく、人のつながりの手段になる」と佐藤さんが力を込める。

市内のかさ上げ工事や高台移転は、実現までまだ数年。復興の道のりは遠い。それでも、一四年秋から災害公営住宅が完成し、仮設の住民らが入居するようになる。小野寺さんや佐藤さんは、そこでもホルモンを焼くつもりだ。

花見や祭り、運動会。人が集まるところには、いつもホルモンがあった。あのつながりが、また戻る時まで。

気仙沼ホルモンをほおばる小野寺克弘さん。「ホルモンは僕らのソウルフードです」

故郷《ふくしま》の海と生きる

9

2015年7月掲載

――戻って漁　やっぱ天職

「よし、せーのっ」

日焼けした腕が、船べりに網をたぐり寄せる。行き場をなくしたシラスの群れが、銀白色のひとかたまりになっていく。クレーンでつり上げると、その重みで網がたわんだ。

七月十四日、福島県南相馬沖。漁師の佐藤兼一さん（44）は今年初めて、真野川漁港からシラス漁の試験操業に出た。父、富夫さん（72）がかじを握り、兼一さんと弟の隆二さん（43）が網を引く親子船「友栄《ゆうえい》丸」。

船べりで、氷漬けにしたかごいっぱいのシラスを富夫さんがのぞき込む。「まずまずだぁ」。それが合図のように、兼一さんと隆二さんが、次の網入れの支度に取り掛かった。

二〇一一年三月のあの日、大津波は南相馬市小高区浦尻の海沿いにあった兼一さんの自宅を押し流し、港に係留していた船を使い物にならなくした。

途方に暮れた兼一さんは、親戚を頼り、妻と幼い子ども二人の家族四人で愛知県蒲郡市に避難。そこでは、漁業用ロープを手掛ける「カネヤ製綱」の仕事を紹介された。「漁師をしていた自分に合う」。ずっと、仕事を続けていこうと思った。

しかし、半年ほどがたつと、福島県いわき市に住む妻の両親から「孫の顔が見たい」と言われるようになり、妻子だけが福島に戻ることになった。

ちょうどそのころ、栃木県に避難していた父の富夫さんが、新たに船を造り直そうとしていた。「またやるか、という気持ちになった」と兼一さん。船の完成を控えた一四年初め、妻子が暮らすいわき市へ。蒲郡を去るにあたり、カネヤ製綱から「再出発のお祝いに」と船の係留用のロープを贈られた。そのロープを握るたび、送り出してくれた仲間を思い出す。

海から眺める福島第一原発は、震災前からの見慣れた風景だが、汚染水が海に流れ出した時は「さすがに頭にきた」。漁は、魚種や量が制限された「試験操業」。このまま続けても「風評被害で魚が売れないんじゃないか」と正直、不安もある。

「船を止めろ。網が磯に引っ掛かったど」。隆二さんの声が飛ぶ。網が破れても三人で直せばいい。操舵《そうだ》席から下りてきた父が加わり、甲板で網を結び直した。

漁の再開をせかすようにカモメの群れが船に近づいてきた。朝日が映る海面をトビウオが飛んでいく。

「やっぱ、この海が好きなんだべ」。兼一さんは船べりに座って一服、たばこを吹かした。

――船　おっかぁが後押し

「漁師だからよ、店で売ってる魚なんて食ってらんねえ」

七月半ば、福島県南相馬市の仮設住宅。漁師になって五十年余の富夫さんが、玄関わきの流し台で、漁仲間からもらった採れたてのツブ貝に包丁を入れた。半分を刺し身に、残りは炊き込みご飯に。「女房がいねえから、自分でやるしかねえべ」

震災翌年の一二年六月からの仮設暮らし。当初は妻の美代子さんと一緒だった。が、入居後、体調を崩し、かかりつけ医に行くと胃がんと判明。一三年六月に三回目の手術をした時、「余命三カ月」と告げられた。奇跡を信じ、がん患者が湯治に訪れることで知られる秋田県の玉川温泉にも出掛けたが、その年の九月、六十九歳で亡くなった。

震災前、富夫さんと美代子さんは、次男の隆二さん一家と南相馬市の海沿いの家で同居していた。すぐ近くには、長男・兼一さん一家も住んでいた。だが、いずれの家も津波で全壊。親子で乗っていた友栄丸も使えなくなった。

さらに福島第一原発事故で、兼一さん一家は愛知県蒲郡市へ、隆二さん一家は熊本県へ避難。富夫さんと美代子さんは埼玉、栃木県の避難所を転々とした。故郷、南相馬の仮設住宅に入るまでの一年三カ月、美代子さんはかかりつけ医に診てもらえなかった。実は美代子さんは、二十年前にがんで胃の大部分を切除していた。富夫さんは避難していた間にがんが進行したと思うとやり切れない。

富夫さんは、栃木の避難先で「船を造り直す」と決めたときのことを思い出す。震災からまだ三カ月。試験操業の見通しも立っていなかった。不安もあったが、美代子さんの「いいんでねぇの」が後押しした。

船は一四年五月に完成。美代子さんの死から八カ月後だった。「おっかぁに新しい船を見せられねかった」と富夫さん。約束を果たそうと、仮

仮設住宅で美代子さんの遺影に手を合わせる佐藤富夫さんと兼一さん

設の四畳半の部屋に、新しい船の写真を飾った。ふすまを開けた隣の部屋では、遺影の美代子さんがほほ笑んでいる。

親子での漁の再開にあたり、妻子を熊本に残してきた隆二さんは、仮設住宅の富夫さんの隣に住み始めた。そんな中、富夫さんは今、隆二さん一家と同居する家を南相馬に建てようとしている。全部で八部屋。漁のたびに、福島県南部のいわき市から、一時間半かけて通ってくる兼一さんが寝泊まりできる広さだ。

「漁の本操業の見通しは立ってねぇけんど、前を向かねぇとしょうがねぇ。おっかぁだって、それを望んでいるっぺよ」

――捕らせてもらえねぇ

大、中、小…。大、中、小…。軽トラックの荷台から下ろされたマガレイを、女性たちが大きさごとにトレーに分別していく。「これは、ヒラメだなぁ…」。いったん手に取った体長四〇センチほどの良型を、荷台のバケツに戻した。

七月上旬、刺し網漁の試験操業日。福島県相馬市にある相馬原釜《はらがま》地方卸売市場に、三つの漁港から出た二十七の船が、福島県沖で捕ったマガレイを持ち込んだ。全部で一トン弱。最盛期の五分の一以下だ。「マガレイの旬は終わってるもの。たくさん捕れるわけねえべや」。漁師らの表情は晴れない。

福島第一原発事故を受け、一二年六月に始まった福島県沖の試験操業の対象は、放射性セシウム濃度のモニタリング調査で安全性が確認された魚介。当初はミズダコなど三種類だったが、今ではマガレイなど六十四種類（一五年七月当時）に増えた。だがヒラメは、マガレイと同様に海底付近に主に生息するが、検出頻度や濃度の下がり方が鈍く、対象外だ。

漁を再開した佐藤富夫さんの漁師仲間、石川康夫さん（59）は「マガレイは干物の魚だべ。本当はヒラメとかマコガレイとか高値で売れる『活魚』を捕りてぇんだけんどなぁ」とつぶやいた。

福島の漁師には、捕った魚の鮮度を保つための扱いがうまい、という自負がある。実際、東京・築地市場では他の産地の魚よりも高く売れることが多かった。でも、今は違う。

震災前、一キロ当たりの卸値が八百〜千円程度だったマガレイは、今は四百円ほど。「半値ならまだいい方。もっとひどいときもあったっぺよ。まぁ試験操業だからしょうがねぇか」。地元の仲卸業者、庄子国雄《しょうじ》さん（63）は、半ば投げやりだ。

捕った魚は流通する前に、市場近くの施設で放射性セシウムのサンプル検査を受ける。市場を運営する相馬双葉漁協によれば、この一年以上、検査した魚の八〜九割は「不検出」の状態で、国の基準値を超える検体も1％に満たない。この日に水揚げされたマガレイも、「不検出」だった。

市場の女性たちが計量を終えたマガレイを氷と一緒に箱詰めしていく。箱の側面には「相馬原釜魚市場」の文字。「震災前なら、消費者は福島産を選んで買ってくれたんだけんどなぁ。問題は風評被害なんだっぺ」。漁協でマガレイの試験操業を取りまとめる漁師、立谷政吉さん（62）は嘆く。

「俺らの検査基準は国より厳しい。慌てるつもりもねえんだが、早く本操業になってもらわねえと、漁師の心が持たねぇ」

――今年も助け合おう

「今年もシラスをやるっぺよ」

七月上旬、福島県南相馬市の真野川漁港。早朝の雨が上がるのを待って、漁師たちが長さ百二十メートルの黄色の網を二つ、岸壁に広げた。

漁師が互いの漁の準備を手伝う、伝統の「結い」。シラスの試験操業を控え、この日に手入れしたのは、佐藤富夫さんと只野友一さん（63）の網。集まった十数人は網に沿って一列に並ぶと、手際良く、引き綱に結びつけていった。

佐藤さんらが拠点にしていた請戸《うけど》漁港（福島県浪江町）は、東日本大震災の津波で壊滅。漁船九十四隻の大半は流され、八隻が残っただけ。佐藤さんのように新たに造り直した十四隻を合わせても、二十二隻にとどまる。

しかも、港は福島第一原発の十キロ圏内にあって復旧工事が遅れ、今も使えないため、北に二十キロ離れた真野川漁港を間借りしている。こうした中、高齢や後継者難もあって、再起をあきらめた漁師も少なくない。

南相馬市の仮設住宅で母親と暮らす漁師、永野久芳さん（60）は、船を造り直した一人。後継者はおらず、いずれは漁をやめ、これまでの蓄えでのんびり暮らしていくつもりだったが、津波で家を流されてしまった。「食っていくには漁しかねぇっぺ。今さら、陸《おか》の仕事もできねぇし」

一方、後継者がいる漁師にも悩みがある。南相馬に暮らす父親と一緒に漁をする今井梓《あずさ》さん（34）は、試験操業や漁の準備があるごとに、山形県天童市から約二時間かけて車で通う。中学一年と小学三年、幼稚園年長の三人の子どもの将来を考え、避難先だった天童市に定住を決め、家を買ったからだ。

「子どもたちはいずれ、山形の高校に通うだろうし、仕方ねぇね」。漁が本格的にできるようになっても、山形から通うしかない、と覚悟している。

請戸漁港を拠点にしてきた漁師にとって、十一月初旬まで漁が続くシラスは、主力の魚の一つ。捕る量が制限される試験操業でも、一四年は利益があった。

「おーい、みんな、お茶にするっぺ」

準備を手伝ってもらった只野さんが仲間に声をかける。岸壁には手入れが終わった二つの網が並んだ。

「これからも、『結い』は変わらんよ。ただ、本当はもっとたくさんの仲間と一緒に、漁をやりたいんだけんどなぁ」

――普通の生活またきっと

ガレージの床と、タイル張りの玄関の土間。

佐藤兼一さんは、父親から譲り受けたかつての家のわずかな名残を、いとおしそうに見やった。

「お気に入りの家だったけど、一瞬で流されちゃったねぇ。あんまりにもあっけなくて、あぜんとしたべ」

海沿いにある南相馬市小高区浦尻地区。四年前の大津波は、百十三戸あった集落全体をのみ込み、半数近い五十一戸が全壊。二十一人が犠牲になった。その中には、佐藤さんの四つ年下

津波で流された自宅跡に立つ佐藤兼一さん

の後輩漁師も。あの時、近くの橋の上から、トラックごと津波に流されるのを見た佐藤さん。「早く逃げろっ、て言ったんだけんど…」

あれから四年余。浦尻地区は今、雑草が茂る原っぱに。自宅跡のすぐ前では、防災林用地を造成する重機が、砂ぼこりを上げる。

「ここはもう家を建てたらいかん場所。また津波が来るといかんから、戻ろうにも戻れんのよ」

佐藤さんの漁師仲間、小野田利行さん(64)。高台にある家は残ったが、北に十五キロ離れた仮設住宅での生活を余儀なくされている。浦尻地区は福島第一原発の二十キロ圏内にあり、立ち入りは自由だが、寝泊まりができない「避難指示解除準備区域」だからだ。

一六年四月にも規制は解除される見通しだが、小野田さんは「戻っても、近くで買い物もできねぇし、ほったらかしにしていた家も直さなくちゃなんねぇ。そんな簡単にいかねえよ」。

浦尻地区の漁師たちは、拠点としてきた請戸漁港から船を出せない。原発の十キロ圏内にあり、他の漁港より復旧工事が遅れたからだ。北に二十キロ離れた真野川漁港を間借りしている。請戸漁港内の浚渫《しゅんせつ》は終わったが、肝心の岸壁工事の完成はまだ、二年は先になる。津波に耐えて残った魚の荷さばき用の施設が、柱にあの時の傷痕を残したまま、漁師が戻るのを待つ。

「どんなにあがいても、震災の前には戻らない。だけんど、請戸漁港から船を出して、また海で普通に魚を捕る。それができると信じていくしかねぇっぺ」

佐藤さんが海の方を見る。湿った風が腰まで伸びた草を揺らした。

キンちゃんとタロウの海

10

2014年8月掲載

——相棒、朝飯にすっか

三陸の静かな海に、ロープを巻き取るモーター音が、低く響く。

朝、岩手県田野畑村の佐々木公哉《きんや》さん（58）は、第十八みさご丸（四・九九トン）を港の沖合に止め、タコ漁の最中だ。

愛称・キンちゃん。腕利きのベテラン漁師だが、この五年間は休んでいた期間のほうが長い。

二〇〇九年十一月に左足を骨折した。「かご網」を海底に送り込む作業の最中、ロープが長靴にからまった。海に引きずり込まれそうになり、懸命に踏ん張るうちに、左足首の骨が砕けて、長靴がポーンと海に飛んだ。翌年五月まで入院。その間に、大好きな母・りよさんが八十八歳で世を去った。事故の記憶や復帰への焦りから、心的外傷後ストレス障害（ＰＴＳＤ）も患った。

退院後も、足の状態は一進一退。内陸部の病院で五回目の手術を受けた翌日、東日本大震災が起きた。家族は高台に逃げて無事だったが、持ち船も漁具も失った。休業中で船舶保険を中断していたため、保険金も出なかった。

度重なる不運を乗り越え、本格復帰して二年あまり。今度は「不漁続き」の現実がのしかかる。

海中から引き揚げられるオレンジ色のかご網の多くは空っぽ。茶色の海藻がからみつき、泥地を好むヒトデが入り込む。震災前にはなかった現象だ。燃料も高騰し、漁に出る回数はめっきり減った。

かご網に入れていた冷凍サンマの餌もやめた。北海道のサンマ漁が記録的不漁で、餌用の安いものを入手できないからだ。空のかご網に魚がたまたま入るのを待つ。「前は、油代や餌代なんて気にしたこともなかったのにね」

この日は、七十枚のかご網を引き揚げて、タコが二匹、ほかにアイナメ、カレイ、エイなど十匹ほど。油代にも届かなかった。

「タロウ、朝飯にすっか」

船首の白い犬が、尻尾を振って応えた。妻・貞子さん（59）が作ってくれたおにぎり三個を、

漁を終えて、ひとときの休憩。タロウは大切な相棒だ

分け合う。

相棒・タロウは、オス十二歳。人間の年齢に換算すると、六十歳を超える。一緒に船に乗るのが大好きだ。以前は餌のサンマを狙うカモメを追い払うのが仕事だったが、今は働くキンちゃんを眺めながら、おとなしく座っている。このタロウ、大津波から生還した奇跡の犬なのだ。

──重油まみれの生還

東日本大震災の津波が田野畑村を襲ったのは、地震から三十九分後。最大遡上高《そじょう》二五メートルの水の固まりが集落をのみ込み、三十九人の命を奪った。

キンちゃんの自宅にいたのは、妻の老親二人。親類の車で高台に避難した。家は海岸から一・五キロほど離れており「念のためのつもりだった」が、高さ一・五メートルの津波が押し寄せ、一階部分は大破。庭の柱につないであったタロウの姿も消えていた。

金具の変形したリードが柱に残っており、タロウが全力で引きちぎったようだ。

左足首の骨折で内陸部の病院に入院していたキンちゃんは、五日後に退院して村へ戻り、タロウを捜し回った。「白い犬ががれきの上に乗って流されていった、という話を聞いたけど、いくら捜しても手掛かりがなくて…。あきらめかけてました」

震災から九日後の三月二十日夕。壊れた倉庫を片付けていたキンちゃんは、ふと顔を上げると、五十メートルほど先の道路をヨロヨロと歩いてくる小型犬に気づいた。

重油にまみれ真っ黒になっていたが、まぎれもなくタロウ。キンちゃんは走りだした。タロウも駆け寄ろうとするが、力が出ない。「タロウ、生きてたー」。キンちゃんの声を聞いて、貞子さんも外に出てきた。後は涙…。与えられた牛乳を、タロウは激しい勢いでなめた。それから一週間ほどぐったりと横たわっていたが、次第に元気を取り戻した。

街も道路も変わり果て、目印もない。氷点下に冷え込むことも多い時季。どこをさまよい、どこで夜を過ごし、どう家路を見つけたのか。

タロウは、蝦夷《えぞ》犬の父と豆シバの母の間に生まれた。父親は、リンゴ農園でクマを追い払う番犬。寒さに強く、闘争心旺盛な父の血が、土壇場を生き延びる力になったのかもしれない。

キンちゃんは工業高校と大学で電子工学を学び、パソコンが得意。〇五年から「山と土と樹を好きな漁師」というブログを運営し、震災後は同村の被災状況や必要な支援などを発信してきた。

このブログを通じて「奇跡の犬・タロウ」は広く知られるようになり、やがてキンちゃんの漁師復帰を後押ししていく。

――助け船　再び漁へ

「私の船を、お譲りしたい」。キンちゃんにメールが届いたのは、震災から四カ月後の一一年七月。東京で趣味の釣り船「太郎丸」を持つ金属工事会社社長・大江一郎さん（46）だった。

「佐々木さんのブログを読んでいて、何か役に立ちたいと思っていました。奇跡の生還をしたタロウ君と太郎丸。不思議な縁を感じて…」と大江さん。当時は中古船を東北に転売するビジネスも盛んで「売らないかという打診もありましたが、知っている方に贈りたかった」。話はとんとん拍子に進み、翌月初めに太郎丸は、被害の少なかった隣村の漁港に着いた。しかし、その後が長かった。

漁に使うには、魚群探知機、衛星利用測位システム（GPS）、レーダーなどプロ仕様の装備が必要だが、船修理の会社は相次ぐ注文に手いっぱい。加えて漁港の復旧工事も進まない。海底には、大量のがれき。「これからやっていけるのか」。焦りと不安の中で、キンちゃんは不眠に悩まされた。毎日更新するブログにも後ろ向きの言葉が目立つようになった。

「（震災から）半年たちました。何も考えたくない。何も書きたくない。そんな時もあります」（一一年九月十一日）

「へこんでいます」(同年十月十七日)

そこへ支援者が現れた。被災者の心のケアに取り組む東京学芸大教授の小林正幸さん(57)。教育臨床心理学を専門とする。十一月に研究仲間と共に訪れ、キンちゃんにカウンセリングを施した。

「ブログを見ていて、心のとげを抜いてあげる必要があると思いました。漁船での左足の骨折事故で自信をなくしたことが、根本的な原因だと感じました」

面談で、骨折事故の状況を詳細に思い出してもらいながら、「何とかなる」と思えるよう導いていく。気持ちを整理できたキンちゃんは「自分のペースでやっていこう」と切り替えた。

それから半年後の一二年四月に進水式。船名は、津波で流された「第八みさご丸」に替わり、「第十八みさご丸」とした。漁師は末広がりの「八」を好む。「たくさんの幸運を」と十を加えた。

寄せられた支援はさまざま。村は交通の便が悪いが、訪ねてくる人は少なくない。善意に感謝しつつ、キンちゃんは日焼けした顔をほころばせる。

「みんな『タロウに会いに来ました』って言うんだ」

――人の心も変わったよ

タロウとともに、再び漁に出るようになったキンちゃんは、やがて悪夢に苦しむようになった。震災直後、津波で流されたタロウを捜し回る中で見た村の光景が、眠りの中で鮮明によみがえるのだ。

最もひどかったのは、三陸鉄道の島越駅近くにあった実家の周辺。住宅街は土台が残るだけ。通った小学校の二階建て校舎も、全壊した。駅前の広場はがれきに埋まり、回収されていない遺体があちこちにあった。家具にはさまれて息絶えていた女性は、幼なじみだった。

強烈なＰＴＳＤ。「漁が順調だったら、乗り越えられたと思う。でも、この状態だから…」とキンちゃんは言う。

漁をするキンちゃんを見守るタロウ。一緒に沖に出る日々が再び始まった

震災後の三年で震度1以上の余震が一万回を超え、海底の泥を巻き上げる。長期間沈んでいた布団の綿が水中を漂い、網に張り付く。かご網をつなぐロープが、がれきにひっかかって切れることも。タコ、サケ、イカ、サンマ…とすべての魚種が不漁で、魚市場は閑散としている。漁船の備品や漁網などが、あちこちで盗まれるようになった。

恵みの海も、人の心も変わってしまった。漁船の改造に使った千八百万円の借金を返すめども立たない。

時間の経過とともに、被災地の報道が減り、原発再稼働、二〇年東京五輪、集団的自衛権と、キンちゃんにとって納得できないニュースが続くことも胸を締め付けた。

キンちゃんは若いころ、勤めていた村役場の人間関係に悩み、アルコール依存症になった。治療を受けて十九年間断酒を続け、安定した日々を送ってきたが、それも途切れた。「スリップ」と呼ばれる現象だ。

入院して抗酒剤を服用し、PTSDに向き合うカウンセリングを受け、再び断酒。それを、この二年で三度繰り返した。

でも「隠すことが大敵」という信念を持っている。

「震災直後から、私のように心の問題を抱える人はたくさんいたけど、精神科に偏見があって、かかろうとしない。それではこじらせてしまう」

ブログで入院を報告すれば、全国の仲間から励ましの声が寄せられる。そして、退院すれば相棒のタロウが全身で喜びを表現して、迎えてくれる。一人じゃないことが、揺れる心を支えている。

――曇る日は力をもらう

キンちゃんは六月、一週間の旅をした。

最初の目的地は甲府市。復興支援ライブに招かれ、被災地の現状を講演した。主催したのは、キンちゃんから古い漁網の提供を受け、ミサンガを作って被災地支援に役立てている女性グループ。長野や東京でも、活動が続いている。

次は東京。国会議員たちに三陸の漁師の窮状を訴え「低利の融資制度を新設してほしい」と要望した。東京の仲間が橋渡しをした。

そして、神奈川県横須賀市の佐島漁港を訪れ、観光客でにぎわう朝市を見学した。三陸では、漁師たちが競争して魚を捕り合うが、結果的に安く買いたたかれてしまっている。生き残りには、付加価値づくりが欠かせないと再認識させられた。何より若い漁師の笑顔から「力をもらった」。

震災前に比べ、大きな違いは「陸上での人間関係」が豊かになったこと。気持ちの浮き沈みは続くが「視野が広がって、少しは成長できたかも」。

愛犬タロウは一三年十月、震災以来初めて、リードをひきちぎって脱走した。家族全員で捜し回っても、役場や警察に届けても行方が分からない。「山でクマに襲われたのかも」と、眠れぬ日が続いたが、四日後に見つかった。

十二キロ離れた隣村の山小屋前で、飼われている雌犬に求愛していた。飼い主が追い払うと山へ逃げ込むが、すぐに戻ってくる。郵便配達員から「佐々木さん宅のタロウでは」と聞いた先方から、連絡があった。

老境にさしかかった犬とは思えぬやんちゃぶり。キンちゃんはあきれつつも「このパワーで津波を乗り越えたんだなー」と思う。

キンちゃんの座右の銘は「照るも曇るも自分次第」。二〇一〇年の正月に亡くなった母・りよさんの口癖だった。どんなにつらい状況でも、前を向くことが大切だと、天国から励まされている気持ちになる。そして、いつも天真爛漫《らんまん》なタロウに、青空のイメージを重ねる。

気分が沈むと、キンちゃんはタロウを抱きかかえ「これからどうするべ」と語り掛ける。タロウは何も応えず、じっとしている。その顔を見ているだけで、キンちゃんは心が落ち着く。

相棒に支えられ、キンちゃんは「心の復興」へと歩む

10 キンちゃんとタロウの海

11

紙の地図　心の地図

2014年10月掲載

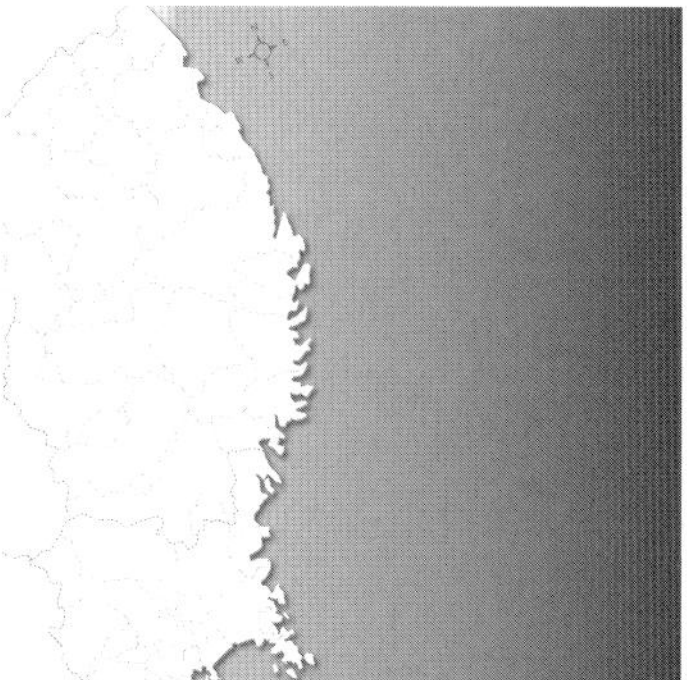

──「×」と「／」つらい印

海からの風に肌寒さを感じるようになった十月上旬、丸めた図面を手に、真新しい住宅が立ち並ぶ団地を歩く。玄関先の表札や郵便受けに表示された名前を図面に記し、すぐさま次の家の前に移動する。

「あ、新しく基礎ができている」

二〇一一年三月の東日本大震災で沿岸部が津波被害を受けた宮城県岩沼市。住宅地図を手掛ける「ゼンリン」（北九州市）の調査員、尾形尚彦さん（41）が、図面にコンクリートの基礎の形を書き込んだ。

団地は、沿岸部から山側に三キロ、田んぼだった場所を盛り土して造られた。一戸建てや災害公営住宅など三百戸余が建つ計画で、順次完成している。

「家が建って、人が住んで、ようやく地図に表せる。復興が進んだことを実感できるようになってきた」。仙台市生まれで、宮城県石巻市の大学に通った尾形さんのほおが緩んだ。

デジタル全盛の時代でも、紙の住宅地図は、調査員がひたすら歩いて、調べて、作る。震災前、岩手・宮城・福島の三県の担当社員は、尾形さんら十一人だけだったが、津波は街を丸ごと流すなど四十万戸を全半壊させた。半年ほど後、新たな地図作りに乗り出すのにあたり、入社一年目の社員三十一人を含む八十人が全国からかき集められた。

大きな仕事の柱は、計五十一市町村の仮設住宅を回ること。通常は表札などの名前を調べるだけだが、一軒ずつドアをたたいた。住民が以前どこに住んでいたのかも聞き取らなければならないからだ。

身の上話を聞くうち、三十分近くかかることもしばしば。仕事は、はかどらない。だが、入社一年目だった吉川拓矢さん（26）は、それより「皆さんが温かく迎え入れてくれ、菓子や食事までいただいた。申し訳ない気持ちでいっぱいだった」。

つらかったのは、津波にのみ込まれた沿岸部の調査。震災前の住宅地図と目の前の現実を照らし合わせ、建物があるはずなのに更地の場所には「×」、建物の骨格だけになったところには「／」を記していく。

各地の変わり果てた姿をまざまざと見せつけられる日々。手元の図面には、ほとんどが「×」と「／」。この道十八年の尾形さんでさえ、「ただただ、言葉が出なかった」という。

それでも尾形さんは「現状に即した地図を作ることが使命。一つの歴史を残す作業をしているんだ」と言い聞かせながら、被災地を歩き続けた。全国から集まった中には、同じように「地図屋」としての自負を胸に秘めた九州の先輩がいた。

――ページの中に思い出

一一年八月、ゼンリンは、岩手県釜石市に被災地の情報を集める拠点をつくった。開設にあたり、調査員歴三十年のベテラン、下山紀夫さん（58）が、福岡県から異動してきた。

新しい地図作りのため、津波被害に遭った岩手県沿岸部の市町村役場に通い、災害公営住宅の図面を入手したり、自ら車を走らせて新しい建物がないかを探したりする日々。でも、復興工事の見通しなどの情報を取るのは簡単ではない。

「なぜあんたにそこまで言わねばならんのか」と門前払いされ、年度が替われば「異動で担当が代わったので分かりません」。

そんな中、喫煙所で一服する他の部署の職員に探りを入れることもあれば、東北の言葉が飛び交う地元の居酒屋に夜な夜な繰り出して、工事業者や住民から情報の糸をたぐることも。見知らぬ土地でもやることはこれまでと同じ。むしろ、「復興を果たしたときの街がどう変わっているか楽しみ」とさえ思える。

そんな下山さんでも、当初はへこんだ。「毎日行けども行けども被災地。あまりに生々しく悲惨で仕事にならんかった」

津波にのみ込まれた地域では、地図にはしないが、データとして残すため、津波の到達地点を調べることも仕事の一つだった。家が残っていれば、その家の住民に津波がどこまで来たのかを尋ねることになる。多くの人は身内を失ったつらさを抱えつつ、家から出て津波が押し寄せた場所を指さし、当時の様子、そして思い出話を語り始める。

無力感の中、自分にできるのは「時間の許す限り、話を聞いてあげることだけでした」。今でもあのころを思い出すと、目に涙がにじんでくる。

調査では、震災前の住宅地図を住民に見せることもある。たいていは、広げた地図を指さし「うちは、ここにあったんだ」と懐かしがる。一方で「ここの人は、津波に流されて

住宅地図を手に、高台から復興状況を確認する下山さん

帰って来ねえんだ」ということも。

震災後の新しい地図ができても、震災前の旧版の方をほしがる人も少なくない。やがて、下山さんの地図への考えが変わっていく。

「住宅地図って、道先案内の業務用として事務的に作ってきたけど、住民には、昔そこに自分が暮らしていたというあかし。思い出が詰まっている」

定年を二年後に控えた下山さんが「つらい、悲しいと思いながらも、ほしい人がいる。地図屋冥利《みょうり》に尽きる」と話す紙の住宅地図。震災直後は、紙であるがゆえに、救助や捜索の現場の必需品だった。

――紙だから頼りになる

水色は、津波をかぶり自衛隊が捜索した地域。緑色は、床上・床下浸水にとどまり、片付ければ生活できそうな地域。ピンク色は、建物被害なしのエリア…。

東日本大震災で津波被害を受けた岩手県大槌町。ボランティア派遣の拠点となった社会福祉協議会のプレハブ小屋の壁に、町全域が蛍光ペンで三色に色分けされた縦約五十センチ、横約八十センチの住宅地図の拡大コピーが今も張ってある。

これは、震災直後に室内に流れ込んだ泥出しや家財の片付けのために全国から駆けつけたボランティアに、活動できる場所を示すために使ったものだ。

現場に向かうボランティアに手渡したのもまた、住宅地図の写し。活動場所までの道順を書き込んだ。

「あの時が震災後で一番、紙の地図の需要があった」と振り返るのは、町社協ボランティアコーディネーターの渡辺賢也さん（27）。最近では、震災後の取り組みや防災を学ぶ企業や学校の視察を受けた際、以前の街並みを思い浮かべてもらうのに震災前の地図を利用している。

拡大地図を示しながらボランティアの活動を思い出す渡辺さん

渡辺さんが「思い入れのある街が記されており、何年たっても捨てられない」と話す住宅地図。震災直後は、被災地各県のあらゆる現場で求められた。

大槌町の南隣の岩手県釜石市では、自衛隊が住宅地図を基に行方不明者を捜索。市の税務課は罹災《りさい》証明の発行を見据え、早々に始めた家屋の倒壊調査で使った。当時、市災害対策本部に詰めていた防災危機管理課の菊池広昭さん（27）は「停電していたので、電子地図は役に立たなかった。紙の地図が頼りだった。直接、書き込めるのもよかった」。

大槌町では、全国から派遣されてきた保健師が、全戸調査に使った。誰が生き残り、誰が亡くなり、行方不明になったのか。住宅地図を手に現場に向かい、家が流されてなくなっていれば、避難所へ。調査が済むと、家ごとに黄色の蛍光ペンで印を付ける。地図全体が少しずつ、黄色くなっていった。

調査を手掛けた岩手看護短大教授の鈴木るり子さん（65）は「住宅地図がなければ全戸調査はできず、全戸調査がなければ実態把握はできなかった」と話す。

その後、地域ごとの新しい住宅地図が順次できあがっていった。住民たちはそれまでとは別の思いで、これを手に取ることになる。

――被害ようやく知った

十月上旬、東日本大震災で被災した岩手県釜石市のＪＲ釜石駅前にある水産加工品販売店「菊鶴商店」。店を切り盛りする菊池真智子さん（52）が、ダイレクトメールを開けながら、苦笑いした。十一月に発売される新版の住宅地図の案内だ。震災後、ほぼ一年ごとに更新されており、次で三回目となる。

「新しいの買わないとね。前のは知り合いに貸したら、返ってこなくって」

創業は大正後期。夫の伸幸さん（52）が四代目の老舗だ。釜石港近くに自宅のほか、加工場があり、サンマのみりん干しやイカの丸干しなどオリジナル商品を製造。JR釜石駅前の二店舗で販売していた。

津波で自宅も加工場も壊れたが、内陸に一キロほど入ったところにある店は、幸いにも無事だった。三カ月後には店を再開し、まずは市場で調達できる商品を売った。

店には、なじみの客がやってきた。互いの無事を喜び合った後は、必ず「今はどこに住んでいるの？」となった。店にあった十年ほど前の住宅地図を開き、仮設住宅や仮住まいのアパートの場所を確認し、名前とともに蛍光ペンなどで印をつけていった。「来られないときは配達しますよ」とも伝えた。

震災から一年半後、真智子さんは、発売されたばかりの新しい住宅地図を買った。配達で使うためだったが、時間があればページをめくった。

「あれ、ここ、建物がなくなってる。こんなところまで津波が来たんだ」

震災後は、店の再開準備や加工場の片付けに追われる日々。骨組みだけになった加工場を元通りにするまでの二年近く、周辺地域を気に掛ける余裕はなかった。「地図を見て初めて、震災で街がどうなったかがつかめたんです」

市は、東日本大震災の大津波を教訓に、釜石港に高さ八メートルまで盛り土して造る避難路「グリーンベルト」の整備を計画している。せっかく再開した加工場だが、予定地に当たるため、一五年度中に移転しなければならない。

本音を言えば、「先が見えないことが、何よりも不安」。でも、「お客さんが励ましてくれる。何とか生活していかなきゃ」。何年後かの新しい住宅地図には、加工場を示す「(有)菊鶴商店」の文字を記してもらわないと、と思っている。

―故郷の記憶　形に

岩手県宮古市の宮古湾に面した「道の駅みやこ」に、街の模型がある。縦三メートル、横二メートル。東日本大震災で津波に流される前の地元・鍬《くわ》ケ崎地区の街並みを再現したものだ。

新しい街づくりに地域から助言を求められた立命館大の宗本晋作准教授（建築計画）は、まずはかつての街を模型で復元し見てもらうことが、震災で傷ついた被災者の心のよりどころになると考えた。

住宅地図や航空写真を基に、発泡スチロールを使って実寸の五百分の一サイズに仕上げ、一三年九月に道の駅に持ち込んだ。

模型には住民の手も加わった。自分の名前を書いた旗を家に立て、屋根には当時の色を塗る。「昔、駄菓子を買った」という思い出や、「津波から逃げようと、ここらへんに避難した」といった証言も一緒に書き込んでもらった。

津波で住宅や商店など建物の七割が流された鍬ケ崎地区。旗の数は住民の八割強に相当する二千本余になった。「多くの人が、震災後に生まれた子どもや孫に、昔住んでいた街の姿を伝えたかったのかな」。プロジェクトリーダーを務めた立命館大大学院二年の岩瀬功樹さん（25）は、そんなふうに感じている。

市の復興計画では、海岸沿いに以前はなかった防潮堤が建設されるほか、真っすぐな道路が街を貫き、区画がきっちり分けられる。模型の前に立つと「何とも懐かしい気持ちになる」と、地元に生まれ育った古館昌三さん（79）。新しくできる街にも「昔ながらの鍬ケ崎の何かを残したい」との思いを強くしている。

同じ岩手県の沿岸部にあり、「鉄のまち」として知られた釜石市。一四年三月にできた「釜石てっぱんマップ」には、市中心部の「呑《の》ん兵衛《べえ》横丁跡」など震災前にあった飲食店や商店を「○○跡」として掲載している。「鉄の鳥居」「このあたりに駄菓子屋が多かった」といった地元住民ならではの細かな情報もある。

「製鉄が盛んだった釜石は、三陸沿岸の他市町村より都会だった。人々の記憶にある故郷の情報を、地図を通してみんなで共有したかった」と、編集を担当した平松伸一郎さん（43）。今後五年、春ごとに更新していく「最新版」には、新たに完成した建物だけでなく、掘り起こされた昔の情報も盛り込むつもりだ。

模型を見る人に以前の鍬ケ崎地区について説明する古館さん

12

壁新聞の先へ

2013年8月掲載

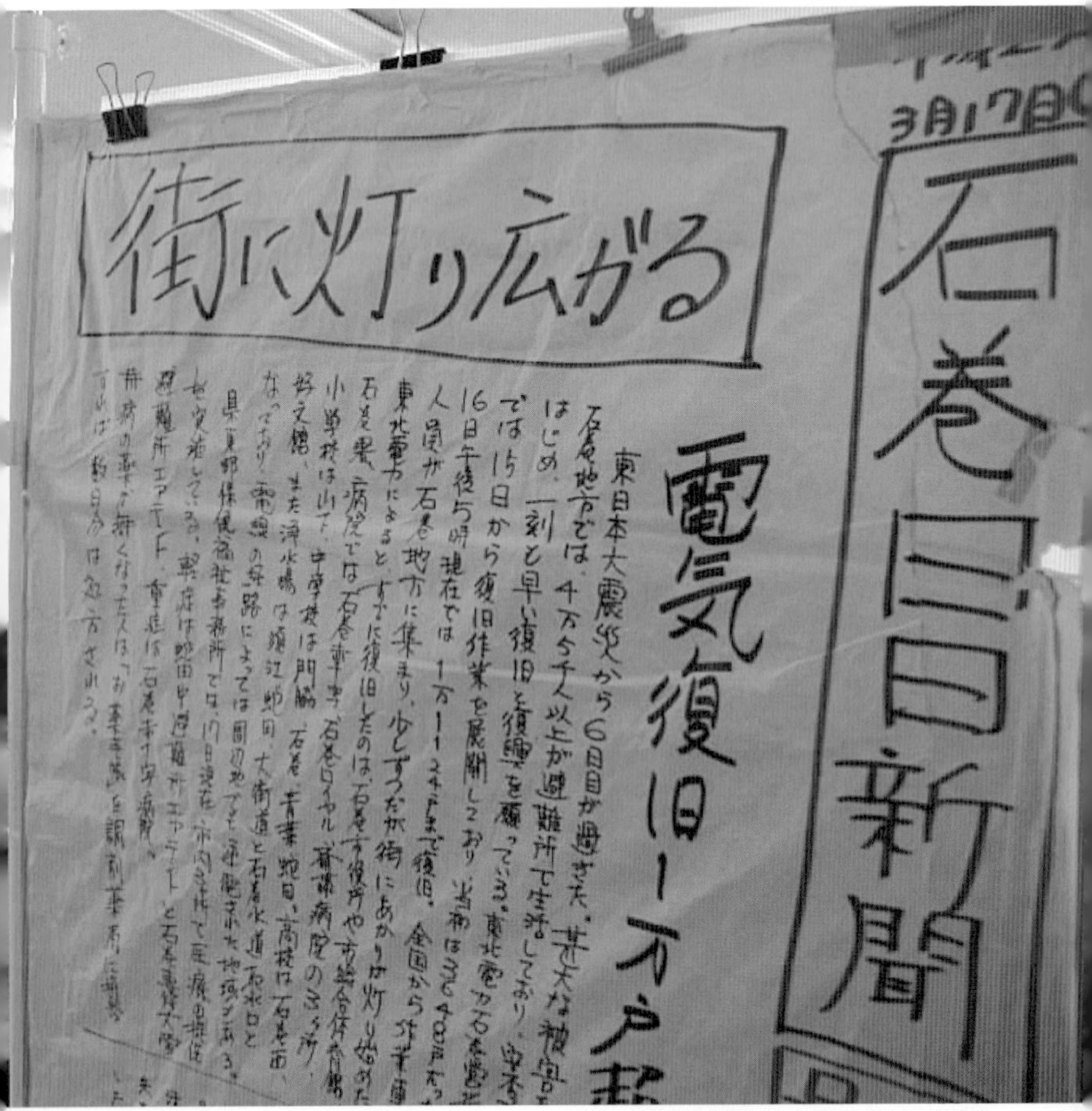

石巻日日新聞の報道部内に無造作に張られた壁新聞

——希望のペン　信じ続け

石巻日日《ひび》新聞は宮城県石巻市と東松島市、女川町で発行する夕刊紙。津波で輪転機が止まっても、翌日から手書きの壁新聞で情報を伝え続けたことで知られる。

社屋二階にある報道部の扉を開けると、二〇一一年三月十七日の壁新聞が目に飛び込んでくる。震災の六日後、最後に出した壁新聞だ。油性ペンで力強く書かれた「街に灯《あか》り広がる」の大見出し。若手を束ねるキャップ格の外処《とどころ》健一記者（40）に、この原稿が託された。

社内で「読者が希望を持てる内容にしよう」と話し合った時、すぐ電気の復旧が頭に浮かんだ。震災当日の夜、担当していた石巻市役所から見えた漆黒の闇が目に焼きついていたからだ。

希望を伝えたい。その思いは今も変わらない。

「全国紙は涙を誘うような記事が多い。われわれも書こうと思えば書けっけど、石巻の人は前向きな記事を読みたいから」。日日新聞では今も、震災絡みの記事が大半を占める。それでも必ずと言っていいほど、紙面のどこかに子どもの笑顔が載っている。

外処記者は、行政が震災にどう対応したかを教訓として語り継ぐ特集を取材している。震災直後に防災無線で避難を呼びかけた石巻市職員の佐々木瑠美さん（31）を取材した時のこと。あの日の話になると、佐々木さんの目が泳いだ。

外処記者はじっと見詰め、息遣いや手の震えから、どこまで踏み込むべきか間合いを測る。取材後に、こう明かした。「震災でうつになった人も多い。人の気持ちに土足で入り込むことはしたくね」

壁新聞の発行を決断した近江弘一社長（55）は「社員たちは壁新聞を通して、地域紙の役割を認識したんでないかな」と話す。社内に張り付けてある壁新聞は紙の隅が破れ、幾分か黄ばんできた。「たとえ字が消えても、ここにずっと張っておくだろうな」とつぶやいた。

国内外で脚光を浴び「過酷な条件の下、ジャーナリストの使命を果たした」と米ワシントンの報道博物館にも保存されている壁新聞。ただ、そんな称賛にむしろ複雑な思いを抱く記者もいる。

――手書き「負けでしょ」

石巻日日新聞に入社して十年目の熊谷利勝記者（36）は取材の途中、同県東松島市の市境に立ち寄ることがある。震災の日、寒さに震えて一夜を明かした漁船が、今も田んぼの水たまりで横倒しになっている。ここは復興の進捗度を測るバロメーターであると同時に、あの日の自分を振り返る場所だ。

車を降りて取材中、津波に襲われた。プラスチックの箱にしがみつき、流れてきた漁船に飛び移った。カメラは海水でシャッターが切れず、ペンもノートもない。「屋根につかまった人たちが流されていくのを、ただ見つめるしかなかった」

翌朝に救助されたが、低体温症や重油混じりの海水を飲んだことで体調を崩した。会社に復帰したのは一週間後。

津波にのまれた場所に立つ熊谷記者。一晩を明かした漁船は今も横倒しになったままだ

手書きの壁新聞から、プリンター印刷に変わっていた。

「最初から新聞作りに携わりたかったっすよ。あれだけの震災だったから」。かすかに漂うヘドロの臭いとともに、漁船の前で悔しさがよみがえる。

高校の先輩で元記者の作家・辺見庸さんにあこがれ、報道の道を選んだ水沼幸三記者（32）も壁新聞に忸怩《じくじ》たる思いを抱く。

震災の翌日、避難所を取材していると、他の新聞社は既に、輪転機で印刷した新聞を配っていた。「明らかに負けでしょ」。避難所に壁新聞を張りに行くのが恥ずかしかった。あらかじめ新聞の四隅に張る粘着テープを破って腕に張り、人が集まる前に逃げるように車に戻った。

世間の称賛とは対照的に、記者たちには「壁新聞しかできなかった」という思いが強い。ただ、震災直後、炎上した気仙沼の街や原発事故などに報道が集中した中、「石巻の情報がないか

ら、本当に助かる」と壁新聞は感謝もされた。被災者は食料と同じくらい、情報に飢えていた。

水沼記者は最近、こう思う。「記者は、記録することしかできない。でも、それが使命なのかなって」

被災者の目線で震災を記録し続ける。その日日新聞にも、自宅を流され、今も仮設住宅で暮らす記者がいる。

――経験自慢しちゃなんねぇ

女川町の総合運動公園に並ぶ仮設住宅。船舶用コンテナを改造した部屋に、石巻日日新聞の横井康彦記者（25）は一家五人で暮らしている。

女川湾から目と鼻の先にあった自宅は、真正面から押し寄せた津波の前にひとたまりもなかった。行き場も無く、父親や弟と新聞社の社長室で寝泊まりしながら取材を続けた。

あれは震災から十日後ぐらい、輪転機が動きだしたころ。同じように自宅を流され、社長室に同居していた先輩の秋山裕宏記者（33）が夕食後、社屋の駐車場でつぶやいた。「うちら、震災を経験したこと自慢するような記者には、なんねえようにしようや」

まだ電気が行き渡らず、周りは真っ暗。互いの顔が見えなくて、かえってよかった。「あんときの秋山さん、かっこよがった」。照れながら打ち明ける。

横井記者は当時、入社五カ月余りの新米記者。斜に構えて物事を眺め、あの事件はこう取材したとか語るのが記者だと思っていた。「記者って仕事をはぎちがえでいたなあ。何を経験したからどうだって、ちっぽけな新聞社に関係ねえ」。先輩の言葉に初めて、地域紙としての記者の役割を意識した。

秋山記者も、その言葉に当時の気持ちを込めていた。「震災の時、あまりに死が簡単だった。家も車も流されて自分の人生は変わっだけど、記者としては変わんないでおこうと。そう思うことで気持ちを保とうとしたとこ、あったっすね」


横井記者は震災翌日、壁新聞に情報を載せるため、宮城県石巻市役所で取材していた平井美智子デスク（52）から取材メモを受け取り、胸まで冷たい水につかりながら会社へ届けた。現在、報道部長の平井さんは「横井は他の記者が一、二年かかるところを震災直後の一カ月で大人びた。震災に鍛えられたんでしょうね」と部下の成長を見つめる。

いつ仮設暮らしが終わるのか、まだめどは立たない。横井記者は秋山記者と誓い合ったあの日に着ていた黒色のジャージーに、今も袖を通すことがある。「これ着たら、やる気が出んだ」

報道を通じて、傷ついた町の復興に貢献しようとする記者たち。その思いは、他の社員も同じだった。

――不惑すぎ 決意のUターン

一万四千部が、八千部に。石巻日日新聞は震災後、読者の多い宮城県石巻市の沿岸部が津波にのまれた影響で、部数が激減した。当然、広告収入も。四人いる営業担当の一人、阿部直人さん（41）が市内の水産加工会社を訪れた。求人広告の掲載の依頼だ。

「応募が来るには何書いたらいいのや?」。そう尋ねる常務に、「再建への思いを書いたらどうです」とアドバイスした。

求人広告はテレビ欄の下に載った。「…東日本大震災で全壊しましたが、再建して一年が過ぎました。一緒に石巻の復旧事業に向けて働きませんか」。名刺ほどのスペースに米粒にも満たない小さな字が、ぎっしり詰まっていた。

震災の時、阿部さんは都内の物流会社に勤務していた。石巻の実家は津波で全壊。発生三日後に戻り、古里の惨状を目にした。「石巻のため何かしなきゃ」。Uターンする考えが芽生えた。帰省していた一二年十月、仕事の縁で日日新聞の近江社長に出会う。復興に貢献したい思いをぶつけると、「また来年の夏も暑い東京で働くのか。ウチに来っか《く》」と誘われた。二十年近く勤めた物流会社を辞め、一三年春、四十すぎで畑違いの世界に飛び込んだ。

「何かに向かおうとする姿勢に、近いものを感じた」と語る近江社長も、四十八歳で横浜から戻ったUターン組。阿部さんは「雑なヘッドハンティングだったけど」と冗談交じりに振り返る。

営業回りをしていると、石巻の今が見えてくる。「一二年が過ぎて、明暗がはっきりしてきた」。復興需要で不動産業や建設業はバブル状態。一方で、基幹産業の水産加工業は衰退している。「だからこそ」と、阿部さんは思う。「不動産屋とかに営業かければ簡単に広告は取れるかもしれないけど、俺は好きじゃない。それより、頑張って再建した会社や店の広告を載せたい。そっちの方が明るくなると思うんだな」

求人広告を依頼する時、必ず話すことがある。Uターンした自分のことだ。「自分みたいなバカなやつがいるんだって話せば、求人取ってみようかなって気になるじゃない」

営業中、会社から電話があった。年に数回ある新聞配達の当番だった。「いっけねえ、戻んないと」。急いで車を走らせる横顔が、生き生きとしていた。

震災後、新たに生まれた人と人のつながり。その輪は、子どもたちにも広がっている。

――思い広がれこども新聞

一二年三月、壁新聞が縁となり、被災地の子どもたちによる新聞が誕生した。宮城県石巻市の小学生から高校生まで二十人が取材し、記事を書く「石巻日日こども新聞」。地元紙の石巻日日新聞が編集に協力し年四回、日日新聞の読者や小中高校に四万部を配布している。

創刊号一面の見出しは「62人のありがとう」。津波で一週間孤立した大街道小の当時の五年生たちが「困った人がいれば今度は私達が応援したいです。それが今、私達にできるありがとうの伝え方だと思います」と、それぞれの思いをつづった。木村ひな子さん（13）が、友人と二人で同級生全員から聞き取った力作だ。

こども新聞は六号を数える。震災前後の街を写真で比較したり、がれき処理の状況を伝えたり。「子どもたちの記事には毎回裏切られる。期待以上の出来ばかり」。新聞を発行する一般社団法人「キッズ・メディア・ステーション」（仙台市）の太田倫子代表理事（44）が声を弾ませる。太田さんは震災後、被災地の子どもに手品を披露するボランティアに参加。被害の大きい地域

子ども記者が取材、編集した「石巻日日こども新聞」

では、笑い声も起きないことに気付いた。「強烈な体験で、気持ちが萎縮しているように見えた」

子どもが思いをため込まず、自由に表現できる場がほしい。新聞製作を思い付き、「壁新聞を出す柔軟な新聞社なら」と日日新聞に協力を求めた。相談を受けた武内宏之報道部長(56)の返答は「どうせなら、ちゃんとした新聞を作りましょうよ」。現・常務の武内さんは「地域の新聞社として、使命と思った」と振り返る。

新聞作りは実際、子どもたちの糧となっている。創刊号で同級生の声をまとめた木村さんは、引っ込み思案なところがあった。「教室で協力を呼びかけたら、『聞こえない』ってやり直しさせられて」と恥ずかしそうに話す。今では「読んでる人が元気になればうれしい」と取材テーマを自ら提案する。成長を続ける子どもたち。その姿に、太田さんは確信している。「この子たちなら大丈夫。石巻の未来をつくることができる」と。

壁新聞との出会いが転機となったのは子どもたちだけではない。壁新聞を作った記者たちにあこがれ、震災後に日日新聞に入社した若者がいる。

——新人「原点」胸に奮闘

「壁新聞は記者を志した原点です」。山口紘史記者（25）は一二年六月、あこがれの石巻日日新聞に入社した。

お盆休みの午前十時、ＪＲ石巻駅前で観光案内をする地元のボランティア団体の取材に向かった。日日新聞は夕刊紙のため、昼前には原稿を出したい。

「書ぐスピード、おせえっから」。恥ずかしそうに、前日用意した四十行の予定稿をファイルに忍ばせた。三十分ほどで取材を終えると、「大幅書き直しです」と頭をかき、急いで会社に戻った。

震災当時、山口記者は都内の大学三年生。帰省中に震災に遭遇したが、石巻の実家は一階の浸水だけで済み、一週間後には就職活動のため東京に戻った。

ただ、地元を「置き去りにした感じ」がつきまとい、就活に集中できない。三社からの内定もすべて蹴った。悶々《もんもん》とした気持ちの中、記者という夢が芽生えたのは卒業間近の一二年三月。偶然見た、日日新聞の壁新聞発行を題材にしたテレビドラマだった。二カ月後、日日新聞社の門をたたいた。


震災に絡む初仕事は入社一カ月後。仮設住宅に住むお年寄りが、小学校にお手玉を寄贈する取材を任された。「震災後、一週間しかいなかった自分に取材する権利なんかあるのか」。話を聞くのが怖かった。

集会所の一室で質問を切り出すと、代表の女性はうつむいたまま、震災で孫を失ったことをぽつりぽつりと語りだした。「孫と同じ世代の子どもたちに喜んでもらいたぐて。私らにはお手玉づくりしかないがら。づらいことがいっときだけでも忘れんだ」

「この思いをちゃんと伝えなければ」。

新聞に掲載後、代表の女性から「うちの孫みてえだ」と、何度も食事に招かれた。震災の取材を重ねるうち、気後れする思いは徐々に薄れていった。

「山口、ちょっと」。締め切り前の慌ただしい報道部に、平井報道部長の声が響いた。熱中症で住民が救急搬送された原稿に、「注意喚起の文章を前に持ってこないと。読者に伝わんなきゃ意味ないよ」と指摘が相次ぐ。

「まだまだ説教もらってばかりです」と苦笑いする山口記者。でも、「地域のために尽くしたい」思いは負けないつもりだ。ペンと紙しかなくても情報を伝え続けた先輩たち。その背中を追いながら、今日も取材に駆け回る。

平井部長から原稿のアドバイスを受ける山口記者㊧

岩手県警大船渡署
高田幹部交番の1280日

2014年9月掲載

13

1280
DAYS

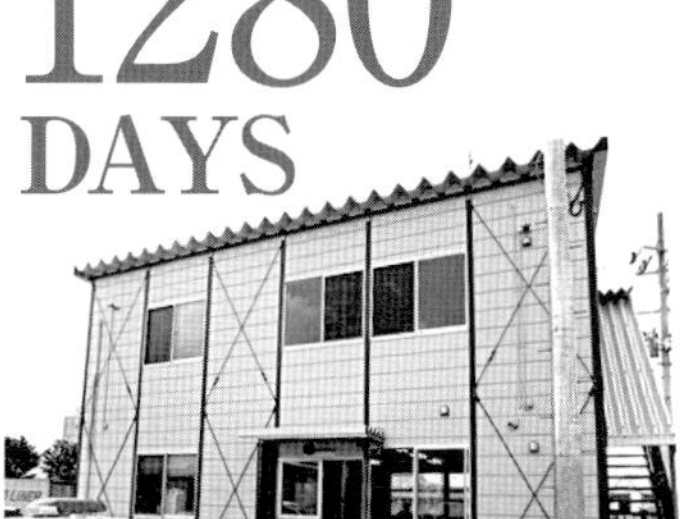

――「守る」気概受け継ぐ

大津波に耐えた岩手県陸前高田市の「奇跡の一本松」から山側に四キロほど。高台の仮設住宅の隣に、二階建てのプレハブが立っている。県警大船渡署高田幹部交番の仮庁舎だ。

「少額で恐縮なんですが…」。八月下旬の昼、地元の男性が申し訳なさげに交番をのぞく。道端で拾ったという百円玉一枚を届けるためだった。

太平洋と北上山地に挟まれた人口二万人余の街。交番を訪れる人の目的は、三年半前のあの日の前も後も遺失物届や、困り事相談といったところ。変わったのは、場所がかつての沿岸部の官庁街から、今の高台に移ったことだ。

二〇一一年三月十一日。地震の長い揺れが収まると所長室から出てきた高橋俊一警視＝当時(60)、二階級特進で警視長＝が叫んだ。

「津波が来るぞ」

その直後、大津波警報を知らせる防災無線が交番内に響く。所長は無線のマイクを握り、部下たちに住民の避難誘導に当たるよう次々と指示を飛ばす。

朝、殉職者６人の遺影に手を合わせる鈴木巡査

いかなる時も住民に寄り添い、その命を守ることが、警察官の使命。「ここからが本当の仕事だ」。現場への途中、交番を通りかかった部下に声を張り上げた高橋所長。だが、ほどなく、交番の建物ともども、津波にのみ込まれた。

高齢の両親がいる大船渡市に近い勤務地を希望し、高田幹部交番所長になってから、ほぼ一年。「ちょっとレッスン」。こう言って若手を所長室に呼んでは、自らの経験を伝える親分肌だった。遺体は約一カ月後、沖合で見つかった。

陸前高田市内では、同交番管内の五人と大船渡署自動車警ら班員の計六人が殉職した。仮設の交番の部屋の壁には六枚の制服姿の遺影が掛かる。

その一人、百鳥《ももどり》憂樹巡査＝当時（21）、二階級特進で警部補＝は、初任科研修を終え、震災の一カ月前に同交番に配属された新人だった。住民の避難誘導のため沿岸部に向かい、津波の犠牲になった。

一四年四月に高田幹部交番に赴任した鈴木貴之巡査（22）は、百鳥巡査と同期だ。県の警察学校では、校内の見回り当番のペアを組んだ。普段は使わない部屋の戸締まりの確認を怠り、二歳上の百鳥巡査に「しっかりやらないとダメだろ」と注意されたことを今も時々、思い出す。

今はまだ、仮設住宅を回ると、お年寄りに「初めて見る人だな。どっから来た？」と話し掛けられる。やがて話題は、被災体験に。「寂しいのかな」と思いつつ、相づちを打つ。

あの日から続く「本当の仕事」。鈴木巡査は「高橋さんや百鳥さんたちの遺影に怒られるような気がして、適当なことなんてできません」。

毎朝、当直員が殉職者に線香を上げ、交番の一日が始まる。

――話し相手になるから

山あいの国道343号を、四駆のパトカーが走る。周囲に広がる田んぼの間に、民家がちらほら。

陸前高田市の西部、矢作《やはぎ》地区を受け持つ県警大船渡署矢作駐在所。高田幹部交番の管轄下にある。一四年四月に赴任した高城剛巡査部長（36）は「正直、ここへの異動は複雑でした」と打ち明ける。

東日本大震災当日、駐在所員だった中津常幸巡査部長＝当時（50）、二階級特進で警部＝は、高田幹部交番に「避難誘導に出動する」と報告してパトカーで沿岸部に向かい、津波にのまれた。六日後、内陸の一関署から応援に入ったのが高城巡査部長。遺体安置所になった旧・矢作小学校の体育館で二カ月間、次々と運び込まれる遺体の泥をプールで流し、床に並べた。身元が分かると、グラウンドに設けたプレハブの小部屋に遺体を移したが、火葬場が混み合い、数週間、留め置くこともあった。

三十歳くらいの女性は、犠牲になった婚約者の男性の元へ毎日、花を届けに来た。「かぎ、開けてもらっていいですか？」。控えめに尋ねる姿が忘れられない。

亡きがらを引き取った遺族は必ず、「ありがとう」と言った。聞くのがつらかった。「何と答えたらいいか分からない。何もしてあげられなかったから」。身重の妻と子どもを失った同年代の男性は、家族を見つけた後で自殺した、と人づてに聞いた。

三年半がたった今。小学校は廃校になり、市営の簡易宿泊施設に変わったが、体育館はそのまま。その前をパトロールで通る。

「おー、お茶飲んでけ」。巡回では、お年寄りに誘われて一時間ほど話し込むことも多い。管内の半分が高齢者世帯の過疎地域。復興も、その先も、一筋縄ではいかない。誰かに話したい――。お年寄りからは、そんな思いを感じる。「これも縁。少しでも貢献したいと思うんです」とまた、玄関の扉をたたく。

当時、大船渡署勤務で津波が膝まで押し寄せる中、救助活動した菅野健太巡査長（26）は一三年四月、高田幹部交番の一員になった。

がれきはこの夏までに片付いたが、陸前高田市内には二千戸以上の仮設住宅が残る。壁の薄い部屋で、ドアを閉める音一つで起こるトラブルも、実は少なくない。

菅野巡査長には、被災者と話す時に心掛けていることがある。津波や家族の死を、自分からは切り出さない。相手が話し始めたら最後まで聞く。

「人それぞれのあの日、あの時があるから」。そっと寄り添い、傷が癒えるのを待つ。

――世間話が被害防ぐ

「おはようございまーす」

八月下旬、日曜の晴れた朝。陸前高田市の県警高田幹部交番の隣にある仮設住宅。お年寄りの女性が一人で暮らす家の玄関口で、小笠原亘巡査部長（54）が高い声を響かせた。奥から「はーい」と弾んだ声が返ってくる。

どこの交番でも日課の「巡回連絡」。警察官が家庭を訪ねて防犯を呼び掛けたり、相談を受けたりする。市内に二千戸以上ある仮設住宅では、少し違った意味もある。

近すぎる隣人とのトラブルや、見通しの立ちにくい「仮設後」の生活。狭く不便な部屋で暮らすストレスは、ともすれば事件の〝火種〟になりかねない。

巡回連絡で仮設住宅のお年寄りと話し込む小笠原巡査部長

別の仮設住宅から新たに移ってきた一人暮らしの二十代の男性には、名前や勤め先、緊急時の連絡先を尋ねた。七月の猛暑でしばらく入院していた一人暮らしの高齢女性には「顔色が良くなったね」。トタン屋根の玄関先で、世間話に花が咲く。

女手一つで三人の子どもを育てる三十代の母親には、子どもの学校と学年を確認するだけにとどめた。夫がいない理由は「そのうち、話してくれたらいいんです」。

ニセ電話詐欺（特殊詐欺）への注意を促すチラシも配る。同じ沿岸部の釜石市では七月、六十代の女性が息子を装った男に百八十万円をだまし取られた。陸前高田市内でも、投資名目で現金をだまし取ろうとする電話が続いている。

この日の二軒目。チラシを手にした村上サダさん（83）が、おもむろに口を開いた。「うちにも変な電話があったね」

昨年から三回ほど、夫あてに、男の声で「投資の話なんですが…」と電話があった。「夫は津波で流されました」と言って、電話を切った。村上さんは「取り合わないようにしてるけど、もっと言葉巧みに言われると…」と不安がる。

小笠原さんは「変な電話は、すぐに切ってもいいからね」と何度も念を押し、その場を後にした。

全国で増え続けるニセ電話詐欺事件。家族を奪われ、家を失った被災者へも、卑劣な犯罪の影が伸びている。

――寸劇で防犯呼び掛け

サングラスを掛けた人相の悪い男が三人。一人が電話をかけた。プルルル…。「あ、母ちゃん。オレ、八郎だけど」

山深い集会所に集まった高齢者二十人を前に、県警大船渡署地域安全班の「劇団よまわり」が寸劇を披露した。

地域安全班は、被災地の安全強化を目的に、東日本大震災の翌年二月に発足。高田幹部交番などに常駐する班員ら十四人が演じ、ニセ電話詐欺（特殊詐欺）への注意を呼び掛ける。

劇中の詐欺グループは、市民の家族構成まで書かれた名簿を持っていた。「事故を起こした」「免許取り消しになってしまう」「金を払えば示談にできる」――。息子や警察官、弁護士を名乗り、次々と電話をかける「劇場型」の手口。高齢の女性は二百万円をだまし取られてしまう。

今のところ、陸前高田市内で被害は確認されていないが、仮設住宅に暮らす市民から「詐欺に遭いかけた」という相談がある。「被災者しか買えない株がある」と誘われたケースも。高田幹部交番に勤める班員の菅野裕康巡査長（31）は「被災者をこれ以上苦しめるのか」と憤る。

地域安全班には「よまわり」の他に、もう一つ、子どもを不審者から守る「防犯戦隊ケセンジャー」がある。子どもに人気の戦隊モノだ。

菅野巡査長と同じく交番に常駐する班員・山田拓利《ひろとし》巡査部長（37）が考案した。県南東部、気仙地区の二市一町にちなみ、「大船渡レッド」「陸前高田ブルー」「住田グリーン」。警察官として身に付けた逮捕術や柔道を駆使した派手な振り付けで、子どもを連れ去ろうとする悪い大人をやっつける。

ポーズを取る陸前高田ブルー

菅野巡査長と山田巡査部長は陸前高田市の出身。もともとは警視庁に入ったが、震災を機に「地元の力になりたい」と岩手県警に永久出向する道を選んだ。
山田巡査部長は「警察官が最も守るべきはお年寄りと、子ども」と言う。そんな思いを込めて吹き込んだ音声に合わせ、陸前高田ブルーが右手を突き出し、かっこよくポーズを決める。
「陸前高田の平和は、オレが守る！」

――強い背中見せたい

青いタイツに抱きついてきた。「強いね、かっこいいね」。四歳くらいの男の子。にこにこ笑って言った。「うちのパパも強いんだよ。流されたけどね」

山田巡査部長の頭から、その言葉が離れない。連れ去り防止を呼びかける「陸前高田ブルー」を市内の保育園で演じた後だった。

あたかも、今も父親がいるかのような、無邪気な声。少なくともその子の中で父親は今も「強い」、過去形ではなかった。

市内にあった山田巡査部長の実家は、津波で流された。野球少年だった小学生時代から親しんだ野球場は、丸ごと沈んで海になった。消防団員や市職員だった同級生も、親戚も、大勢亡くした。

先の見えない生活に絶望し、「死にたい」と漏らす仮設住宅の高齢者には、若くして死んでいった仲間の話をした。

例えば高田幹部交番に配属されたばかりだった百鳥巡査のこと。「まだまだやりたいことがあっただろうし、もっと生きたかったはずです。そんな彼らに守られたっていうこと、考えてもらえませんか」。そう諭すと、落ち着いてくれた。

でも、あの男の子を励ます言葉は見つからなかった。「頑張れ」とは言えなかった。

山田巡査部長には「岩手県警の災害救助の水準を上げたい」という夢がある。警視庁にいた十一年間のうちの半分以上、機動隊員として専念してきた分野だ。過去には、〇七年の新潟県中越沖地震や、〇八年に中国で起きた四川大地震の現場にも派遣された。「経験を生かし、一人でも多くの人を救いたい」

震災から三年半となった十一日、山田巡査部長は同僚と陸前高田市の海岸線で行方不明者を捜索した。今回初めて、防潮堤の新設予定地にある消波ブロックが移され、海水が抜かれた所だ。木材やふとん、カーディガンなどが散らばる。泥を掘り返していると、向こうで声が上がった。「発見！」。骨だ。行方不明の誰かのものかもしれない。

市内だけでも、まだ二百人以上が見つかっていない。復興はこの先、長く続く。もしかしたら、園児たちが大人になっても終わっていないかもしれない。

将来を担う子どもたちに、あきらめない、強い背中を見せたい。「今は俺たちが頑張るから」。海底に埋まっていた鍵盤ハーモニカを拾い上げ、指でそっと泥をぬぐった。

捜索現場で鍵盤ハーモニカの泥をぬぐう山田巡査部長

師走に祈る

2014年12月掲載

14

――プレハブ本堂　念ずる再起

東日本大震災で津波被害を受けた岩手県大槌町の沿岸部から、山側に五百メートルほど。かさ上げが進む高台の一角に、平屋建てのプレハブが二棟。ぱっと見、工事現場の事務所のようなこの建物。実は、一つは寺の仮本堂、もう一つは庫裏《くり》だ。

四百五十年前の室町時代に創建された江岸寺《こうがんじ》。小雪がちらつく十二月初旬、檀家《だんか》の男性が庫裏のサッシ戸を引き開け、住職の大萱生良寛《おおがゆうりょうかん》さん（56）に頭を下げた。

「今年もお世話になりました」

寒さが厳しいこの地方では、法事は秋までに済ませる習わしがある。とはいえ、年の瀬ともなれば、こうして檀家があいさつに訪れるもの。だが、震災以来、そんな光景はめっきり減った。なにしろ、犠牲になった檀家は、町全体の死者・行方不明者の半数にあたる六百人に上ったのだから。

今のプレハブと同じ場所に立っていた旧本堂。海抜は二メートルほどだが、市街地からみれば、山を少し上がったところにあった。加えて、頑丈な鉄筋コンクリート造り。あの日、大きな揺れの後、「本堂なら安全」と思った住民たちが、続々と避難してきていた。

そんな住民を、さらに山頂へと逃げるよう誘導したのが、大萱生さんの長男で、寛海《ひろうみ》さん＝当時（19）。寺を継ぐため、愛知学院大（愛知県日進市）で宗教文化を学んでいたが、春休みでたまたま帰省していた。

「津波が来た！」。寛海さんが叫んでからほどなく、高さ一〇メートル近い黒い波が本堂を襲った。大萱生さんは、寛海さんと、先代住職の父・秀明《しゅうみょう》さん＝当時（82）、そして近くにいた住民三十人とともにのみ込まれた。

大萱生さんは、油のにおいがする海水の中で、ぐるぐる回った。「もう、だめか」と思った時、山の斜面にいた何人かの手で引っ張り上げられた。だが、父と子は行方不明に。庫裏や鐘つき堂は流され、本堂は漂流物に付いていた火が燃え移り、焼け落ちた。

本来なら、亡くなった人をあの世へと送るのが僧侶としての務め。だが、すぐにはその気になれなかった。寺の建物を失ったこともあるが、「自分が息子の代わりに死んだ方が良かったのでは」。そう思えてならず、朝から酒に浸った。

ふさぎ込む大萱生さんを動かしたのは、旧知の檀家にかけられた「おまえに家族を弔ってほしい」との言葉。「自分にできるのは、祈ること」。気持ちを切り替え、一カ月後には、がれきが残る寺の敷地で供養を始めた。半年後の九月に五十人が入れる仮本堂を建てると、犠牲になった檀家全員を弔った。

今、寺の周囲に広がるのは、一面の更地。「以前のように、人が集まる寺をつくらないとね」。こう話し、がらんとした仮本堂で一人、読経する大萱生さん。そんな住職の周りには、同じように寺の再建を願う仲間たちがいた。

江岸寺のプレハブの仮本堂（中央の建物）。周囲では市街地のかさ上げ作業が進む

――檀家との絆も復興へ

パソコンの画面には、檀家の引っ越し先の住所や家族構成、先祖の戒名…。江岸寺の、プレハブの仮の庫裏で、黙々とキーボードを打っていた檀家総代の三浦広明さん（56）が、その手を休め、ふっと息をついた。

「東日本大震災の後、地元を離れた人だと、親戚でも居場所が分からないことがある。どこで、どう暮らしているかが分かると、安心できるよ」

住職の大萱生さんは、震災の一カ月後から犠牲になった檀家の供養を始めた。しかし、檀家千六百五十軒分の情報を書き留めていた帳面一式もなくなったため、檀家によって少しずつ違う法要のしきたりが分からない。頼りになるはずの先代住職の父だけでなく、寺のことを熟知する檀家総代七人のうち六人も、犠牲になっていた。

「この先、どうしたらいいのか…」。途方に暮れかけたとき、頼ったのは、中学、高校の同級生だった。「ちょっと助けて」。檀家総代になってほしいと呼びかけると、十人が応じてくれた。

その一人が三浦さん。津波で両親を亡くし、勤め先の金属加工工場も流されたが、「友人を助けることで、町の復興につながれば」。以来、毎日のように寺の手伝いに来てくれている。

檀家の法事があれば、今の住まいや生活状況、先祖の戒名など、相手が覚えていることを聞き出し、すべて記録。こうすることで、檀家のそれぞれの歴史が、おぼろげながらよみがえった。加えて、津波で流された墓の場所が特定できたり、県外に出た檀家の生活再建の様子が分かったりもした。蓄積された檀家の情報は、年末までに千軒分になった。

「檀家総代になってくれた仲間は、それぞれ、震災で家や家族を失っているのに…」と感謝する大萱生さん。一方で、新たな生活を求めて故郷を出た檀家は一軒、また一軒と、寺を離れていった。その数、これまでに七十軒に上る。

震災を境に、寺との付き合い方が変わってきているという現実もあるが、「五年ほど先の本堂再建を目標に、まとまっていかないと」と三浦さん。失われた情報を修復することが、檀家とのきずなを取り戻すことだと信じている。

――遺骨預かり心のケアも

間口は大人が一人、通れるぐらい。底冷えがする細長い板張りの部屋の棚に、檀家の位牌《いはい》がびっしりと並ぶ。それらに交じって風呂敷に包まれた骨箱が八十ほど。納められているのは東日本大震災の犠牲者の遺骨だ。

岩手県大槌町の海岸線から山側に五百メートルほどの高台にある大念寺《だいねんじ》。あの日の津波は幸いにも、山門の前でとどまってくれた。

沿岸部の市街地は壊滅した。住職の大萱生修明《おおがゆうしゅうめい》さん（56）は、家を失った檀家だけでなく、近くの本堂や庫裏が全壊した寺の檀家の遺骨も、宗派を問わず預かった。「近くの寺で建物が残ったのはうちだけ。引き取るのは当然」

町内の犠牲者約千三百人のうち千人分の遺骨が集まり、庫裏の廊下も足の踏み場がないほどに。中には、遺体発見場所と通し番号だけが骨箱に記された身元不明の遺骨も三百人分ほどあった。「遺族が何度もやってきては『遺骨だけは見つけないと』って必死に捜してね…。それを見るのがつらかった」

ＤＮＡ型鑑定で身元が分かった遺骨は葬儀の後に引き取られたが、大萱生さんには、気持ちに区切りが付けられていない遺族のことが気掛かりだった。震災から一年を節目に、町内四十八カ所の仮設住宅の檀家を一軒一軒、回り始めた。

独りでふさぎ込み部屋から出てこない人、震災時の悲惨な光景が忘れられず体調を崩している人…。「心のケアこそ必要」と以来、時間が許す限り仮設住宅のドアをたたき、声を掛け、話に耳を傾けている。

「たまには娯楽を」と、二〇一三年五月からは、東北をボランティアで回る音楽家や手品師を寺に招きイベントも開催。普段は表情が暗いお年寄りも、このときは笑みが戻る。

庫裏の一部は子ども向けの「図書館」にした。蔵書は全国から贈られたり、自費で買い足したりした絵本や図鑑など数千冊。地元の子どもたちが来ては本を自由に手に取っている。

一四年の瀬は所属する団体の会合で忙しく、なかなか仮設住宅を回れなかった。その代わりではないが、二十六日には小学生ら百人を招き、住民有志とともに絵本の読み聞かせをして、カレーを振る舞う。「大釜で作るうちのカレーは最高においしいからね」。寒空の下、境内で子どもたちがほおばる姿を想像して、思わず顔がほころぶ。

一方で「仮設暮らしの人は、いつになったら出られるのか、不安を募らせている。これからが正念場」とも。この先も住民たちを支えていくつもりだ。

――本尊守り次の世代へ

屋根葺《ふ》きを待つだけになった大屋根と、それを支えるヒバやスギの白木の骨組み。冬本番を迎えても、つち音がやむことはない。

岩手県大槌町の蓮乗寺《れんじょう》。「やっと、ここまで来ましたね」。再建が着々と進む本堂を、住職の木藤養顕《きとうようけん》さん（54）が見上げた。

一一年三月十一日。海沿いの市街地をのみ込んだ津波は、山すその蓮乗寺にも及んだ。山門や庫裏を押し流すと、本堂のちょうど真下でとまり、寄せては返した。「本堂だけは助かった」と思ったのもつかの間。日が暮れるころ、周りのあちこちで、水に浮いたプロパンガスのボンベが爆発。水面に浮かんだ木造家屋のがれきなどに引火し、パチパチと音を立てて燃えた。やがて、火が付いた何かが、本堂に寄せてきた。

「このままだと、本堂に燃え移ってしまう」

そう思った木藤さんはとっさに、本堂に駆け込んだ。本尊の日蓮聖人座像や、三百ほどある檀家の位牌を持ち出すためだ。裏山に逃げてきていた近所の人ら三十人も、後に続いた。煙が充満する中、一式を裏山に運び上げてほどなく、本堂はめらめらと炎に包まれ、崩れ落ちた。

木藤さんは、本堂を失ったこと以上に、死者・行方不明者の数が日を追うごとに増えていったことに心が痛んだ。檀家は、全体の三分の一にあたる百六十四人が犠牲に。一家全員が亡くなった家もあった。

「仏教は本来、天災が起きたときに、人々の心のよりどころとなるためにあるもの。なのに、いざ直面すると何もできなくてね」

そんな後ろめたさのようなものを抱えながら、この三年九カ月、毎日、仮の本堂でお勤めをしてきた。檀家たちが暮らす仮設住宅へも、できる限り回った。

震災前、住宅などが立ち並んでいた寺の周囲はまだ、一面の更地。震災から四年となる一五年春に完成する本堂は、復興の象徴になるだろう。「一足早く再建ができるのは、檀家ら皆さんのおかげ」と感謝する木藤さん。「あの日、みんなで守り抜いた本尊と位牌を、新しい本堂とともに次の世代へとつないでいかなければ」とも思っている。

冷たい風が山から吹き下ろす十二月上旬の昼下がり、プレハブの仮本堂の裏で、一人の女性が墓参りをしていた。

木藤さんはその様子を見て、つぶやいた。「人は、墓参りをすることで、失った人への思いに区切りを付ける。寺も、この街も、再建を区切りに、その先に進んでいかないと」

――祈りと鎮魂　鐘響く

腹の底に響くような低く重厚な鐘の音が、かさ上げ工事をする重機のエンジン音に混じり合った。東日本大震災から三年九カ月、一四年の師走。江岸寺住職の大萱生良寛さんは、地震発生と同時刻の午後二時四十六分、まだ真新しさが残る濃緑色の鐘を数回、突いた。

犠牲になった家族らの葬儀を終え、ひと区切りをつけた檀家たちがまず求めたのは、新しい鐘だった。実は、津波に流された鐘はその後、プロパンガスの爆発による火災に巻き込まれ、溶け落ちてしまっていた。

「あの深みのある音に、人は癒やされるから」と大萱生さん。鐘は、檀家らが寄せ合った浄財と、全国の同じ宗派の寺からの寄付などで新調され、震災から二年となる一三年三月十一日、お披露目された。高さ百二十センチ、直径八十センチ、重さ六百キロの青銅製。表面には、震災を忘れないようにとの祈りを込め「梵鐘《ぼんしょう》の音に想いをのせて」の言葉が刻まれた。

仮の鐘楼であったその日の打ち初めでは、震災で家族を失った檀家ら百人が、一人ずつ順に突いた。

「亡くなった人への鎮魂ができたという思いからか、みんな笑顔になっていた。感動したよ」と、鋳造を手掛けた滋賀県東近江市の「金寿堂」の黄地《おうち》浩社長（60）。その年の大みそかには、三年ぶりに除夜の鐘も鳴った。

同じ山すそにある三つの寺の、一四年の大みそか―。

江岸寺は、除夜の鐘を突くのを断念した。かさ上げ工事が本格化したことで、周囲に未舗装のでこぼこ道が増え、水たまりもあちこちにできた。「外灯もなく、真っ暗な中での参拝は危なくて…」と大萱生さん。

一方、幸いにも津波被害を免れた近くの大念寺。住職の大萱生修明さんは「なるべく多くの人と新年を祝いたい」と、今年も除夜の鐘を突く。もともと鐘を持たない蓮乗寺では、住職の木藤養顕さんが仮の本堂で祈りをささげ、年を越すことにしている。

「寺や神社、祈る場所があってこそ、人は戻ってこられる。今は離れた場所で生活していても、また、大槌で暮らしたいという人を助けていかないとね」と江岸寺の大萱生さん。焦らず、一歩ずつ進んでいくつもりだ。

月命日に合わせ鐘をつく江岸寺の大萱生良寛住職

つるの湯物語

15

2015年1月掲載

――「ぎもちいい湯」守る

おとそ気分もさめやらぬ一月四日の午後三時。新年の初風呂を待ち望んだ客たちが、しめ飾りの下の、のれんをくぐっていく。紺地に白で「ゆ」と染め上げられているらしいが、色あせていてよく見えない。

脱衣場で服を脱ぎ、浴場へ。壁一面には富士山の絵。湯の温度は熱めの四三度。大人も子どもも、肩を寄せ合い、「あー、ぎもちいい」。ひとっ風呂浴びた後は、下着一枚で瓶の牛乳をグイッー。

ここは宮城県石巻市の銭湯「つるの湯」。創業は一九二七（昭和二）年。市内でただ一つの銭湯だ。

「風邪ひかないよに、気をつけてくださいよ」。石巻に生まれ育ち、つるの湯に嫁いで半世紀。番台を守る杉山きよさん（73）が、湯から上がったばかりの客に声を掛けた。

地元の方言はそれほどきつくない。漁港として栄えたこの街で、三重県のカツオ漁船の船員など全国各地の漁師を迎え入れてきたから、というのが常連客たちの見立てだ。

半世紀の間、番頭を守り続けてきた杉山きよさん

二〇一一年三月のあの日、海から二・五キロ離れたつるの湯の辺りにも、高さ一・五メートルの津波が押し寄せた。営業直前で、きよさんは銭湯の二階に上がり難を逃れたが、浴場は泥水で真っ黒になった。湯を沸かすボイラーや貯水用タンクが壊れ、休業を余儀なくされた。

それからというもの、特に避難所に入った常連客が、「早く再開してよ」と言ってきた。そんな声を受け、六百万円かけてボイラーなどを修理。年が明けた一二年の元日に営業を再開した。気持ちよさそうに目を閉じて湯につかる客たち。二人三脚で切り盛りしてきた夫の栄八さんと喜び合った。だが、ほどなくして栄八さんにがんが見つかり、その年の八月、七十六歳で急逝した。

独り残されたきよさん。笑顔で番台に座り続けるが、実は、大黒柱を失い、心細くて仕方ない。加えて、震災後に石巻を離れた住民も少なくなく、客は一日三十～四十人と、以前の半分に減った。入浴料四百円では元が取れず、赤字が続き、「いつまでやれるかな」という不安がよぎる。

それでも、営業を続けるのは、「意地のようなもの」ときよさん。支えは、いつも「働きすぎるなよ」と気遣ってくれていた亡き夫。今も心の中にいる。「相談すれば『もう少しがんばってみろ』って言われるような気がして」

──富士の絵で再開応援

表紙に折り鶴が描かれたノート。その名は「つるの湯日記」。つるの湯の男湯と女湯の脱衣場に、一冊ずつ置かれている。

ページをめくる。「いいお湯でした」「心のいやしだなぁ」…。東日本大震災後、ボランティアや観光で石巻を訪れ、つるの湯につかった人たちの書き置きだ。

ノートを置いたのは、震災の一カ月後にボランティアとして石巻入りした香川県出身の安土《あんど》早紀子さん(30)。当時、炊き出しを手伝ったり、特技を生かして店舗のシャッターに絵を描いたりしていた。そんなとき、一人の地元の女性と出会った。

女性は、子どものころに通ったつるの湯の思い出を話し、「また、入りたい」と言った。当時、つるの湯は津波で給湯設備が壊れ、休業中。安土さんは、経営者の杉山栄八さんを訪ね、「何でも手伝うので、再開してもらえませんか」と頭を下げた。

それから一カ月ほどした十月、いい知らせが届く。年明けの元日、つるの湯が営業を再開するというのだ。安土さんは再び、杉山さんを訪ね、浴場の壁に富士山の絵を描かせてほしいと頼んだ。一九二七（昭和二）年創業で八十年以上の歴史があるつるの湯だが、実はそれまで、壁には何も描かれていなかった。

手掛けたのは、安土さんの知り合いで、近畿地方で個人宅の風呂に富士山の絵を描いている画家・権田直博さん（33）＝大阪市東住吉区。「被災地のために、何か関わりを持ちたかった」と、二週間かけ、男湯と女湯にまたがる縦四メートル、横六メートルの壁いっぱいに無心で描いた。きよさんは「風呂が明るくなった」と喜んだ。

一方で安土さんは、営業再開を盛り上げようと、十二月半ばから大みそかまでの二週間、「つるの湯祭り」も企画。脱衣場で映画『となりのトトロ』などを上映、住民参加の「のど自慢大会」も開いた。最終日、杉山さん夫妻に何度も感謝された。

それから三年。近くに住む常連客、勝又一夫さん（76）は「銭湯にはやっぱり富士山がよく似合う。落ち着ぐね」としみじみ。

ただ、安土さんには唯一の心残りがある。震災直後、つるの湯の思い出話をしてくれた女性が、営業再開の二カ月前に亡くなったことだ。「天国で見てくれてるかなあ」。今もときどき、そんなことを思う。

風呂でくつろぐ客たち。湯けむりの先、壁には東日本大震災後に描かれた富士山の絵

――ともに温め合う週末

手あかで黒ずみ、ぼろぼろになった住宅地図。その真ん中あたり、四十三ページに、赤で丸く囲んだ箇所がある。自宅だ。「いまだに思うことがあるよ。これ、現実なのか、って」

石巻市の藤沼正勝さん(77)。あの日、海から一・五キロほどの市街地にあった自宅に、高さ二メートルの津波が押し寄せた。自らはとっさに近くのビル五階に駆け上がり、難を逃れたが、水がひいてから家に戻るとがれきになっていた。

かきわけると、震災の八年前、〇三年に発行された住宅地図が出てきた。故郷のことを調べるのが楽しみで、買い集めた資料の一つだった。

今は六畳一間の仮設住宅で、年金とわずかな蓄えを頼りに、一人で暮らす。見知らぬ人が集まった隣近所とは、あいさつ程度の付き合い。八十歳すぎの兄が、別の仮設住宅に暮らしているが、連絡を取ることはない。いつしか、住宅地図をめくっては、往時に思いをはせることが、日課のようになった。

そんな中、唯一の楽しみであり、ぜいたくが、週末のつるの湯通い。

仮設住宅の風呂は「あるだけ、ありがたい」が、湯船は大きくなく、足は伸ばせない。背中を洗えば、壁に腕が当たる。つるの湯なら、思う存分。何より、昔からの顔なじみに会えるのが、いい。

つるの湯の一五年の「初湯」は、正月三が日明けの四日。のれんが掛けられる午後三時をめがけて、仮設住宅から二キロ、自転車をこぐと、気心の知れた顔触れが集まっていた。どちらからともなく、「明けましておめでとう」。湯船につかった後は、いつものように背中を流し合った。「月並みだけど『心も体も』ってやつかな」。週一回とはいえ、入浴料四百円は、ちょっと高いとは思う。でも、惜しくはない。

風呂から上がると、脱衣場に、肩から湯気を上げる男たちの輪が広がっていた。地元の常連客だけではない。堤防建設工事で長期滞在中の北海道からの作業員、観光客…。市外に転居し、震災後も営業しているか心配になって、十年ぶりにやってきた若者もいた。

いろんな人たちが、和気あいあいと同じ湯へ。仮設住宅で住宅地図をめくっているときも、た

仮設住宅で東日本大震災前の住宅地図を眺める藤沼さん

まに思う。「裸の付き合いができ、癒やされるつるの湯。いつまでも続いてほしい」

――悲しみ越える力に

一五年一月四日午後二時半、つるの湯前の路上。エンジンがかかったままの車の中で、「ゆ」と染め上げられたのれんが掛けられるのを、三十分も前から待つ人がいた。

地元の常連客、渋谷明夫さん（81）。新年の「初湯」に一番乗りするのは、かれこれ十年以上。「一番風呂は気分がいい。これがねえと、一年が始まんねえ気がすっから」

肩書は、芸能事務所「石巻プロモーション」の代表。といっても、働き手は自分一人。主な仕事は地元の芸能ショーでの司会だ。

事務所を立ち上げたのは一九六五（昭和四十）年。もう、半世紀になる。かつては月十回以上、ステージに立ってきたが、傘寿を過ぎた最近は月一回ほど。とはいえ、七時間に及ぶような公演だと、終わったころには腰やふくらはぎが、ぱんぱんになる。

自宅にも風呂はあるが、昔も今も、公演の後は決まって、つるの湯へ。「筋肉がほぐれるっつうの？ あの熱い湯に入ると血行が良くなって、やわらかくなる感じがすんだよね」

渋谷さんのもう一つの顔が、沿岸部のJR石巻駅近くにあるバー「ケント」のマスター。この店も、今年で五十年になる。

一一年三月の東日本大震災。海岸線から七キロほど内陸に入った自宅にいた渋谷さんは発生直後、店のことが気になり、一緒に切り盛りする長女の淳子さん（57）と車を走らせた。市街地に差し掛かった時、真っ黒な泥水が押し寄せてくるのが見えた。とっさに車を捨て、すぐ裏手の日和《ひより》山に駆け上がり、難を逃れた。

だが、その二、三日後、石巻市の西隣、東松島市の沿岸部に住んでいた孫の妻＝当時（22）＝と、二歳の男の子と三歳の女の子のひ孫が、車に乗ったまま津波にのみ込まれ、亡くなったことを知らされた。

「悔やんでも、悔やみきれね」。渋谷さんは、震災の数日前に遊びに来た彼らの笑顔が、今もときどき目に浮かぶ。

つるの湯でも、女湯の方から、子どもの笑い声が聞こえてきたりすると、思い出してはつらくなる。「不思議なんだよね。男湯で子どもを見る時より、声だけの方が、いろいろと想像しちゃって…」

一方で「天国のひ孫たちに、八十歳を超えても元気なところを見せてやらないと」とも。そんなふうに思いながら湯船で静かに目を閉じていると、悲しみも、溶けて消えていくような気がする。「また、頑張るっちゃね」。今年もこの湯から、力をもらうつもりだ。

16

巡礼　あの人、あの街を想う

2015年7月掲載

――浜へ　妻の面影求めて

湿気を含んだ六月の浜風が、うなり声を上げる。東日本大震災の大津波が襲った仙台市若林区の深沼海岸。「南無観世音菩薩《ぼさつ》」と背に書かれた白衣と袈裟《けさ》を身に着けた十五人が、白波が立つ海に向かって目を閉じた。

宮城県石巻市の東に位置する牡鹿《おしか》半島にある洞源院の住職と檀家が、震災の翌年から続ける「浜供養」。宮城県内の浜を月にほぼ一回のペースで巡礼し、その地の犠牲者を弔う。三年かけて訪れた浜は八十四カ所になる。

巡礼者の一人、石巻市の遠藤信義さん（68）は、妻の元子さん＝当時（62）＝に心の中で呼び掛けた。「また会いに来たよ」

あの日、遠藤さんは石巻市中心部の病院の三階に逃げ、幸いにも無事だった。だが、海岸近くの住宅街で経営していた食品スーパーは津波にのまれ、元子さんは三日後、店のがれきの下から遺体で見つかった。

遠藤さんはしばらく、妻の死を受け入れられなかった。海を見るのも嫌で近づかなかった。丸一日、家に閉じこもり、誰とも会わないこともあった。

一年がたったころ、元子さんの葬儀をした洞源院から、牡鹿半島にある四十四カ所の浜を巡礼すると聞かされた。「悲しみが癒えない胸の内を誰かに知ってほしい」。そんな思いが自らの背中を押し、参加することにした。

一行の多くは、家族の誰かを亡くした人だった。浜に仮の祭壇を作り、祈祷《きとう》。その後、波打ち際で、地蔵の姿が描かれた切符ほどの小さな紙で作った「地蔵札」を千枚流した。何度目かの供養のとき、浜にあった船の陰で涙ながらに地蔵札を流す中年の女性がいた。「皆、同じ思いを持っている」。少し気持ちが安らいだ。

回り始めて三年。いまも浜供養以外で浜辺に近づくことはない。ただ、心境は少し変わってきた。震災後しばらく、夢に出てくる元子さんの顔がかすみが掛かったようにぼやけていたが、いまははっきりと思い描ける。「女房の死と向き合い、心を前に向けないと、と思うんです」

地蔵札を海に流すとき、しばしばカモメが集まってくる。他の参加者は「札を餌と間違えている」と笑うが、遠藤さんには「女房が会いに来た礼を言いに来てくれた」と感じられる。そんなときは、穏やかな気持ちで海を眺められる。

月に一度、それぞれの浜の犠牲者をしのぶとともに、元子さんと〝逢瀬《おうせ》〟を重ねる。遠藤さんは、その時間をこれからも大切にしたいと思っている。

波打ち際で、地蔵札を海に流す遠藤信義さん

――ただ弔うため生きる

「家でじっとお経を読むだけじゃ、気持ちが抑えられんちゃ。足を運んで祈らずにはおれんのよ」

宮城県石巻市の中里勉さん（64）は、四国八十八カ所霊場の御朱印で埋まった軸を掛けた自宅の仏間で、二冊の御朱印帳を広げた。

東日本大震災後に巡った寺は青森、山形、京都、淡路島など百二十カ所以上。御朱印が五、六個と重なったページがあるのは、同じ寺を何度も訪ねて願掛けをした証しだ。

「こうして回るのは、こんな私でもお不動さんに生かされたからさ」

あの日の強い揺れの後、中里さんは、託児所にいた孫の煌牙《こうが》ちゃん＝当時（４つ）＝を車で迎えに行った。自宅に戻り、妻のこう子

御朱印帳を広げる中里勉さん。壁には四国八十八カ所霊場の御朱印の掛け軸も

さん＝当時（59）＝に孫を預け、隣の母屋へ。体の不自由な母、はつよさん＝当時（83）＝がいたからだ。

一階の座敷にいたはつよさんを抱え上げた時だった。津波が室内に押し寄せ、体は一気に天井近くまで浮き上がった。はつよさんとともに水面から辛うじて顔を出し、無意識のうちに不動尊の真言を叫び続けていた。そこからはよく覚えていない。気づけば、壊れた天井のさらに上、屋根まで十五センチのところで、水面の上昇が止まった。

「助かった」と思った。が、それもつかの間。右腕の中のはつよさんは「もう、だめだぁ。今までありがとなー」。これだけ言うと、すっと息を引き取った。自宅に残してきた妻と孫は、がれきの下から遺体で見つかった。

三人の遺体を玄関先に並べ、途方に暮れた。だが、近所には、一家全員が犠牲になり、弔う人さえいない家もあった。「自分にできるのは、この人たち全員に手を合わせることだけ」と思った。

半年後、最初に訪れたのは福島県会津地方にある「ころり三観音」と呼ばれる三つの観音寺。願掛けをすると「長寿で周りに面倒もかけず、あの世に行ける」とされる寺だ。続いて京都にある智積院《ちしゃくいん》などの寺、さらに二年後には四国八十八カ所を回った。御朱印が埋まって「結願」することで、犠牲者を弔えた気がした。

ある時、地元の僧侶に「よそさまの霊まで弔うのは、もう在家のやることじゃない。出家の域だ」と言われた。そこで一五年四月、和歌山県の高野山で僧としての作法や心構えの指導を受け、得度《とくど》。僧名「融永《ゆうえい》」を授かった。

「いくら回っても、死者は生き返らないし、震災を忘れ去ることもできない。でも、立ち止まっているわけにはいかんのですよ」

亡くなった家族、そしてすべての犠牲者のために、きょうも手を合わせる。

――霊場小さくなっても

「あのう、御朱印、ほしいんですが…」

岩手県陸前高田市の沿岸部にある金剛寺。関西から来たという若い夫婦が御朱印帳を手に、プレハブの札受け所を訪ねてきた。住職の小林信雄《しんゆう》さん(55)は、隣の不動堂へ案内し、筆で「金剛寺」と書き、朱印を押した。

東北六県にまたがる「東北三十六不動尊霊場」の二十四番札所であり、陸前高田市や大船渡市など県南部の二市一町にある「気仙《けせん》三十三観音霊場」の二番札所でもあるこの寺。あの日の津波で、本堂や庫裏《くり》が全壊。本尊は泥の中から見つかったが、御朱印は流されてなくなった。檀家は百二十六人が亡くなった。

震災後、本堂があった場所には、仮設住宅が造られた。御朱印を求め、寺を訪ねてくる巡礼者は誰一人、いなくなった。「こんな大変な時に霊場巡りなんて」と遠慮されたらしい。

震災から一年が過ぎ、檀家の葬儀や法事が一段落したころから霊場巡りの参拝者が再び訪れるようになった。小林さんは、境内の少し高台にあり、津波の難を逃れた不動堂に、新しい御朱印を用意。仮設の札受け所もつくった。

市内に仮住まいの小林さんは、寺を不在にすることが多いため、不動堂に御朱印を置き、参拝者に自分で押してもらっている。一方で、不動堂に書き留めた連絡先を見て電話してくる人がいれば、車で駆け付ける。「御朱印を住職に押してもらいたいという人もいる。がっかりさせるのは、忍びなくて」。自身、福島県の寺に御朱印をもらいに行ったとき、住職が留守で、寂しい思いをした経験もあるからだ。

あるとき、参拝に訪れた年配の男女三、四人と話をすることがあった。自宅が福島第一原発の近くにあり、避難を余儀なくされている人たちだった。「大変だったでしょう、なんて言えなかった」と小林さん。自らも被災はしたが、少しずつ復興している実感がある。なのに、放射能の汚染でいまだに苦しみが続いているなんて…。言葉が見つからなかった。

境内の仮設住宅は一五年二月に取り壊され、春から本堂の再建が本格的に始まった。震災後、生活だけでも大変な檀家に浄財は頼れず、かつての本堂より、ひと回り小さくなる。それでも、「震災前のようにはできねえけど、できるところからやっていぐ」と小林さん。前を向くことができるだけでも、ありがたいと感じている。

――祈りの道を一歩ずつ

東日本大震災の月命日に近い、六月十三日の土曜。水田が広がる岩手県陸前高田市の農道を、男女三人が歩いていた。「一日遍路」の一行だ。目的地は陸前高田市内の四つの寺。距離にして二十キロある。「頑張って」と声を掛ける人あり、「ありがでえ」と頭を下げる老夫婦あり――。

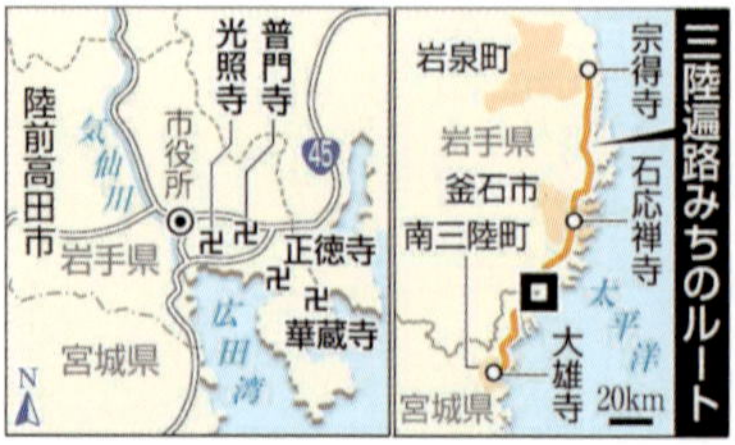

呼び掛け人は、真っ白な遍路服を着た同県釜石市出身の三味線奏者、駒幸夫さん（60）。津波で母、幸子さん＝当時（82）＝を亡くした駒さんは、住まいがある米ニューヨークから一時帰国。葬儀を終えると、四十年ほど前に幸子さんに買ってもらった三味線を手に、仮設住宅を慰問演奏して回った。「お世話になった故郷の人に恩返しを」との母親の言葉を思い出したからだ。そんな中、身内を失った悲しみから、心を閉じた人が多

いと感じた。

「自らの足で歩いて、祈ることで、前向きになれるかも。四国八十八カ所のような巡礼の道をつくれないか」。一五年春、岩手、宮城沿岸部の六十寺、三百三十キロを巡る「三陸遍路みち」を提唱。さらに六月からは、月命日に近い土日に、ルートを短く区切った一日遍路を実施することにした。

一行のもう一人、震災で叔父と叔母、高校時代からの旧友を亡くした陸前高田市の主婦・岸浩子さん(59)は、新聞で一日遍路のことを知った。盆や彼岸に訪れている寺に、目新しさはない。それでも「車ではなく、

被災地の寺院を歩いて巡る「一日遍路」をする(左から)駒幸夫さん、岸浩子さん、佐々木麗子さん

時間をかけて歩いた分だけ、先に逝った皆と向き合える気がする」。そんな思いもあって参加した。

三カ所目の寺は、岸さんの叔父と叔母が墓に眠る普門寺。読経後、岸さんは駒さんと、岩手県山田町から参加していた佐々木麗子さん（62）を誘った。「墓地に身元不明の人を葬った所があります」。叔父夫婦の墓を通り過ぎた先に、遺骨が入った十柱の石碑。そこには名前はなく、代わりに番号が刻まれていた。

「誰も花を手向けてくれないから、切ないんですよ」。岸さんは目を閉じ、「いずれ家族が迎えに来るまで、穏やかな気持ちでいてほしい」と祈った。

最後の寺、光照寺の境内には、津波で流されたＪＲ陸前高田駅を再現した建物があった。「市民の心のよりどころだったから」と寺がつくったといい、高さは五メートル近くある。

その中にある高さ一メートル、幅五十センチほどの位牌には、震災犠牲者の名が刻まれていた。岸さんが指さした先には、同級生だった女性と、その娘二人の名前。「震災の十日前に会ったのが最後になりました」と語った。

最初の寺を出てからすでに六時間。帰り道、岸さんの表情は晴れやかだった。「自分の足で巡ったからかな、供養に重みがあった。ほかの人と一緒に祈れたこともうれしかった」

――またここから始めよう

五十三段の古い石段を上り切った広場に立つ、こぢんまりとした赤い社《やしろ》。紫《むらさき》神社。地元の人たちは、親しみを込めて「紫さん」と呼ぶ。

宮城県気仙沼市の気仙沼湾の突き当たり、市中心部の内湾地区。あの日の津波は、海に近い市街地をのみ込み、神社の石段の上り口に立つ鳥居のそばまで押し寄せた。そんな中、内湾地区の住民たちは、いち早く石段を駆け上った。

「津波のときは紫さんへ逃げるのが鉄則。そう伝えられてきた」と、神社総代の坂本正人さん(58)。市全体の犠牲者が千四百三十三人だったのに対し、内湾地区は七人にとどまった。

境内はそのまま避難所になり、仮設テントに百四十人余が身を寄せた。一カ月すると、避難所暮らしの商店主の有志が、神社のふもとで下着や食品の青空市を開設。年の暮れにはプレハブの気仙沼復興商店街(通称・南町紫市場)へと規模を拡大、五十三店舗が軒を連ねた。

商店街の事務所となったのは、紫神社の社務所。中心メンバーの一人でもあった坂本さんは「気仙沼の復興は、まさに紫さんが核になった」と振り返る。

一方で、神社に避難した住民はやがて、仮設住宅や新しい住まいを見つけて出て行き、避難所は閉鎖。その後、神社を訪れる人はめっきり減り、季節の祭りをしようにも、人が集まらなくなった。

「震災の風化っていわれるけれど、地元の人たちにこそ、風化が始まっているのでは」。そんなふうに坂本さんが感じ始めた二年ほど前のことだった。

被災地を四国遍路のようにめぐる「東北お遍路プロジェクト」を企画する仙台市の一般社団法人から、「紫神社を巡礼地の一つにしたい」と持ち掛けられた。「何もかも失った商店街を立て直したみんなの気力を、もう一度取り戻す機会になる」と快諾した。

一五年二月、お遍路プロジェクトの巡礼地五十三カ所が発表され、紫神社もその

紫神社がお遍路の巡礼地に選ばれ、お社の前で喜ぶ坂本正人さん

一つに選ばれた。プロジェクトの本格的な活動はこれからで、商店街にも巡礼者をもてなすための動きはまだない。それでも最近は、県内外からぼちぼち人が訪ねてくる。

坂本さんは将来、地元の人や巡礼してくれる人たちに伝えたいと思っている。「神社に逃げよ」という先人の言い伝えが大勢を救ったこと、気仙沼の復興が紫さんから始まったということを。

もしもし聞こえますか？

17

2014年6月掲載

海望む丘に風の電話

三陸の海が見下ろせる岩手県大槌町の高台にある英国風の庭園に、白い木製の電話ボックスがある。誰でも自由に出入りできるそこには、ダイヤル式の黒電話が一つ。電話線はつながっていない。二〇一一年三月の東日本大震災の後、いつしか、「風の電話」と呼ばれるようになった。

東北地方が梅雨入りした六月初旬。隣町、岩手県山田町から来た古川浩さん（37）が、受話器を手に取った。かけた先は、津波で亡くなった勤務先の郵便局の元上司。

「仕事を教えていただき、ありがとうございました。これからも見守ってください」

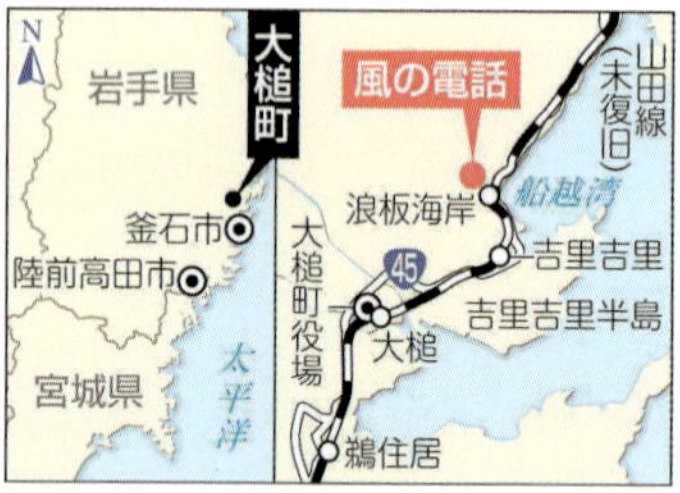

電話ボックスは、岩手県釜石市から十五年前に移り住んできた庭師、佐々木格《いたる》さん（69）が置いた。きっかけは、〇九年十二月、仲良しだったいとこの男性＝当時（69）＝をがんで失ったこと。「会えなくなった人と話せる場所があれば」と、一年がたったころ、閉店したパチンコ店で使われていた電話ボックスを譲り受けた。

雪で中断していた電話ボックスの設置作業を再開しようとした矢先、震災が起きた。津波が眼下の街をのみ込み、車が折り重なり、電柱が倒れ、家がめちゃくちゃになるのが見えた。

町内の犠牲者は、死者、行方不明者合わせて千二百八十四人。「自分が死んでもおかしくなかった。大きな力の中で生かされている」と実感する中、「犠牲になった人は、最期に家族を思い浮かべたのでは。残された人は、最期に一言、言葉をかけてやりたかったはずだ」と思った。あの電話の〝開通〟を急いだ。

それから一カ月。電話ボックスの周りを黄色の草花で囲み、休憩用ベンチと、女性が手を組んだ祈りの像もそばに。黒電話の横には、こう書いた。

風の電話は心で話します
静かに目を閉じ　耳を澄ましてください
風の音が又《また》は浪《なみ》の音が　或《ある》いは小鳥のさえずりが聞こえたなら
あなたの想いを伝えて下さい

「風の電話」に入り、思いを伝える古川浩さんと、外で待つ家族

「返事はないけど、つながっている気がする」――。新聞報道をきっかけに、インターネットや口コミで話が広がると、被災者たちがやってくるようになった。

躊躇《ちゅうちょ》してなかなか中に入れない人、一人ですすり泣く人、号泣する人…。これまでに延べ一万人以上。震災から三年以上たった今もほとんど毎日、誰かしらが訪れる。

電話ボックス内にはノートとペンも。「楽しく過ごせた日々を思い出しました」「今やっと、お別れできました」…。訪れた人たちが思いをつづっていく。

多くは、帰りがけに佐々木さんと話をしていく。佐々木さんは、ただそれを聞いて、うなずく。

六月中旬、小中学校の同級生だった妻を亡くした一人の男性が、電話ボックスの扉に手をかけた。訪れるのは六回目だった。

――受話器の先　妻がいた

「娘が連れていかれたよ」

岩手県陸前高田市の市議・佐々木一義さん（61）は、電話口で長女の七扇《なお》さん（28）の結婚を報告した。相手は東日本大震災の津波で亡くした妻、美和子さん＝当時（57）。この日も、話すうちに涙が止まらなくなった。

「電話線はつながっていないけど、亡くなった人と話ができるらしい」

そんな話を耳にして、車で一時間半かけて「風の電話」に向かったのは、一三年夏。その時は丘に登る道の途中で迷って引き返した。一カ月後は何とかたどりついたが、電話を管理する佐々木さんが留守だったので、場所を確認しただけで帰った。初めて使ったのは、三回目に訪れた一三年十一月だった。

受話器を左の耳に押しあてると、言った。

「ごめんな」。

津波で行方不明になった美和子さんの遺体に対面したのは、震災発生から一カ月後。すぐに見つけることができなかったことをまず、謝った。

そして、自分や息子二人と娘二人が無事だったこと、毎日会いたくてたまらないことなど、思

「風の電話」で、津波で犠牲になった妻・美和子さんに話し掛ける佐々木さん

いの丈をすべて吐き出した。

受話器から返事はなかった。でも、向こう側に、三十年余連れ添った妻がいる、と感じた。

「電話がつながった」。途端に涙がこぼれてきた。電話ボックスの中でも、外に出てからも、声を上げて泣いた。


「どうかしましたか」。電話ボックスから少し離れた庭の一角にいた佐々木さんに声をかけられた。妻のことを打ち明けるうち、「あの世でおかあちゃんに会った時に、『一生懸命、陸前高田のために頑張ってきた』と言えるように、精いっぱいやってきたんです」。自らのこの約三年を、しゃくり上げながら話していた。

かつては、地元でスーパーや水産食品製造を手掛ける同族会社の副社長だった。しかし、〇六年に倒産、取引先や従業員に迷惑をかけることになる。非難を覚悟したが、逆に「がんばれよ」と励まされた。だから震災が起きてからは、せめてもの恩返しにと、妻の遺体が見つからない間も、支援物資を運んだり炊き出しをしたりとできることをやった。


心にあいた穴は埋まってはいない。でも、あの電話があれば、小中学校の同級生で、三回目のプロポーズをやっと受け入れてくれた愛する妻と、話ができると思える。

「自分にとっては、宝物のような場所。だから、ほかの人にもおすそ分けがしたいんです」

連れて行ったのは、身内だけに限らない。知り合った人が「行ってみたい」と言えば、市議会で忙しくても、時間をつくった。自身の訪問は六回を数えた。

そんなある日、震災後に北海道から移り住んできたという女性が、電話ボックスがある丘に登ってきた。

――いい保育してあげて　感性はぐくむ図書館

風の電話の近くには、石造りの小さな建物がある。「森の図書館」。風の電話を管理する佐々木さんと妻の祐子さん（60）が、一二年四月に完成させた。名の通り、木々に囲まれている。

東日本大震災の津波は、海沿いの市街地にあった町立図書館や書店ものみこんだ。三年余がたち、書店はできたが、図書館の再建はまだ。「子どもたちの感性をはぐくむ場所をつくらないと」と祐子さん。高台にあって幸いにも無事だったあの建物を、図書館として開放しようと格さんと決めた。千冊ほどの蔵書の大半は、絵本や児童書だ。

休日ともなると、電話ボックスには亡くなった人への思いを伝える人。一方、図書館には子どもたち。館外にある木のコテージ「ツリーハウス」や芝生に本を持ち出して読む子もいる。

雨模様の六月初旬の日曜、一人の女性が図書館にやってきた。見沢《みさわ》穂野香さん（23）。三年間勤務した札幌市の幼稚園を辞め、この四月から大槌町立みどり幼稚園で働き始めていた。買い物をしようと車で自宅を出たが、遠足がてら園児を連れて行くと聞いていた図書館をふと、訪ねてみたくなった。

迎えてくれたのは祐子さん。大槌町に来て、三歳児クラスを担当していると伝えると「被災した年に小さかったり、生まれたりした〝希望の子どもたち〟ね。先生が本好きだと、子どもたちも本をよく読むようになりますよ」と言われた。

もともと、大槌町には縁もゆかりもなかった。震災後、みどり幼稚園の園舎が津波で流されたことを知った。ハローワークでたまたま求人が出ているのを見つけ、「三年間で身に付けたことを被災地で役立てたい」と応募、採用…。そして、移り住んで二カ月。

職場以外に友人はなく、寂しかった。被災した子どもたちの役に立っているのかも、分からない。ほしいわけではないはずの「がんばっているね」の言葉をどこかで求める自分。祐子さんと会話を続けているうち、いろんなものがこみ上げてきた。涙が頬を伝った。

『プーさんともだちをたずねる』や『あっぷっぷ』など、幼児向け絵本を五冊借りた。祐子さんの「よく大槌に来てくださいました。いい保育をしてあげて」の言葉に、「一人一人の子どもを大事にしたい」と思い直せた。本を返しに来た時に、また、話ができればと思っている。

「風の電話」や「森の図書館」で、訪れた人を包み込む佐々木さん夫妻の取り組みは一四年、絵本や歌になった。

――想いを絵本で、歌で

絵本のタイトルは『かぜのでんわ』。

東日本大震災で大切な人を亡くした人たちが、相手に語りかける、そんな「風の電話」を、絵本作家のいもとようこさんがおとぎ話にした。

クマが山の上に置いた電話に、子を亡くしたウサギなどいろんな動物が、話をしにやってくる。ある夜、鳴らないはずの電話が「リーン、リーン」と音を立てる。動物たちの思いが届く、というストーリーだ。

岩手県陸前高田市の佐藤ヒデさん（84）が、一四年二月に出版されたこの絵本を手にしたのは同年六月初旬。二十年前に病気で亡くなった夫の瀧雄さんらに、風の電話で近況を伝えたおり、近くの「森の図書館」に立ち寄って見つけた。

銀行マンだった瀧雄さんは現役時代、宮城県気仙沼市や石巻市、福島県いわき市など東北地方を転々とした。短いと半年で引っ越したことも。ヒデさんは、幼い二人の子を抱えてついて行ったが、それぞれの土地で暮らしに慣れることで精いっぱいだった。
『かぜのでんわ』をめくりながら、ヒデさんは、四十七年前に二十歳で亡くした長男、友重さんのことを思った。「何もしてあげられなかった。本当は絵本を読んであげる時間こそが大切だったのに」。目頭が熱くなった。
長女は嫁ぎ、仮設住宅に一人で暮らしている。「過去の私ができなかったこと」として、これから近所の小さな子どもたちに、絵本を読み聞かせてやりたいと思っている。

そのころ、森の図書館では、女性ボーカルのゆったりとした音楽が静かに流れていた。

庭にたたずむ風の電話　あなたの想い伝えてください　きっと想いは届くでしょう―。

曲名は『風の電話』。佐々木格さんが作詞し、地元で音楽活動をしている友人の大久保正人さん（58）が曲をつけた。
「家族ら大切な人を失った被災者の中には、三年たった今も、心を閉ざしたまま、話したがらない人が多いんです。歌なら、ふと、口ずさめると思って」と佐々木さん。七月にはＣＤとして発売する予定という。

絵本や曲になった「風の電話」。一方、震災で家族ら四人を失った地元ホテルの社長は、この夏休みに「風の電話」と「森の図書館」を使った親子向けの防災教育をできないか、企画を練り始めていた。

――自然は怖くて優しい

寄せる波が砂浜に吸い込まれ、返す波がない「片寄せ波」で知られた岩手県大槌町の浪板海岸。長さが八百メートルほどあった白砂青松の名勝は、東日本大震災の津波でほぼ姿を消した。今、訪れる人はほとんどない。

波打ち際には、津波を受けた旧「浪板観光ホテル」を全面改装し、一三年八月にオープンした「三陸花ホテルはまぎく」。千代川茂社長は、再出発にあたり、「はまぎく」をどうしても名前に入れたかった。

一九九七年の「全国豊かな海づくり大会」への出席のため、天皇陛下とともに宿泊された皇后さま。海岸に咲く真っ白なハマギクを気に入られ、御所に種を贈ったという縁にあやかりたかった。「逆境に立ち向かう」という花言葉が、新たな船出にふさわしいとも思った。

あの日、津波は旧ホテルの三階までを襲った。宿泊していた秋田県の老人クラブのお年寄り四十人は、従業員が高台に避難させた。一方、当時専務だった千代川社長は命からがら逃げたが、兄で社長だった山崎龍太郎さん＝当時（64）＝ら四人が犠牲になった。

ホテルから車で五分ほどの丘の上にある、「風の電話」。大切な人を亡くした遺族らが、思いを伝えに来ていることは、ホテルの再建費用の工面や、首都圏などへの誘客活動に奔走している間も聞いてはいた。

宮城県気仙沼市の同業者に誘われ、初めて訪れたのは一三年十月。営業再開から二カ月がたっていた。電話ボックスは色とりどりの花に囲まれ、眼下には経営するホテルが見えた。

受話器を手に取り、津波にのまれたおかみで妹の山崎緑莉《みどり》さん＝当時（51）＝に、「元気なのか」と問い掛けた。受話器からは何も聞こえてこなかったが、天国にいる妹とつながった気がした。

見渡すと、鳥のさえずりが聞こえる木々の向こうに、絵本や児童書を集めた「森の図書館」。丘の下には、三陸の海に、津波で流されてしまった集落、行き交う工事用のダンプ…。「自然は、時に怖くて、時に優しい」とあらためて思った。「子どもがここに来れば、自然に親しみながら、震災について学ぶことができる。街ににぎわいも戻る」とも。

夏休みを二カ月後に控えた六月上旬、風の電話を管理する佐々木さんを訪ね、親子向けの震災教育を一緒に企画しようと持ち掛けた。佐々木さんは「たくさんの人に来てもらうのは、いいことですね」と穏やかに応じた。

震災で家族らを亡くした人らが、寂しさを埋めるためにやってくる丘の上に、この夏、子どもたちの歓声が響きわたる。

18 仮り暮らしの学びやで

2014年4月掲載

――新入生のいない春

二〇一四年四月七日、福島県川俣町の山木屋《やまきや》小学校の始業式が、間借り先の川俣南小学校で開かれた。入学式はなく、始業式だけ。おそらく、開校以来初めて、新入生がいない新学期を迎えた。

「山木屋小学校は原発事故の影響で、ここで学校生活を送ります。学校に帰れないのは悲しいですが、今はたくさんの友達と一緒に頑張っています」

児童を代表して六年の広野恭平君が、新たに赴任した先生にあいさつした。震災前は七十人いた児童は、今は三十九人。借り暮らしの学びやで過ごし、この春で四年目になる。

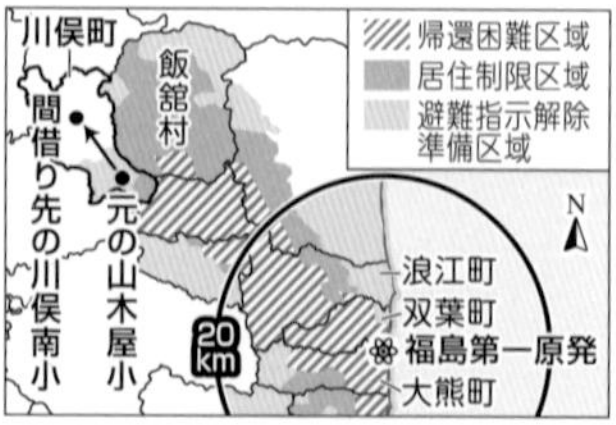

山木屋小は、千二百人が住んでいた山木屋地区ただ一つの小学校。標高約五百五十メートルの山あいにある地区は葉タバコやトルコギキョウの栽培が盛んで、多くの家が井戸水や引き水で暮らしていた。夜にはこぼれ落ちそうな満天の星。冬になると田んぼの天然スケートリンクで子どもの声が響いた。同じ川俣町の中心部に出かけることを「まちに

間借り先の川俣南小で始業式を開く山木屋小の児童たち

行く」と言うほど、のどかな地域だった。

その自然に満ちた地元は福島第一原発事故の後、避難指示解除準備区域や居住制限区域となった。家族と移住を強いられた児童は町中心部の川俣南小に通うことに。わずか十キロの距離でも、コンビニや飲食店が並ぶ「まち」にある学校付近は、自由に駆け回って遊ぶ野山も見当たらない。

「一年前に赴任した時、子どもがどんな様子か心配だった。でも、本当に明るくて」

佐藤浩昭教頭（50）が驚くように話す。幼稚園から中学校まで、ずっと同じ仲間で過ごすのが当たり前。だから、住む場所がばらばらになっても、避難先の目の前に小学校があっても、山木屋小に通い続ける子がいる。

隣接する福島市からスクールバスで通学する三年の影山葵さん（8つ）も「みんな仲がいい

から、通うのは大変じゃないよ」と笑顔を浮かべる。

ただ、避難生活が長引き、幼い子を持つ親は次第に近くの幼稚園や保育園を選ぶようになった。山木屋小の新入生は減り、ついにゼロの年を迎えた。

佐藤教頭は月に一度、校舎の点検のため元の山木屋小を訪れる。曲がりくねった山道で車を走らせると、しみじみ感じる。「本当に自然が豊かな地域でね。ここで授業ができればいいなって思うんです」

その思いは、本来の山木屋小に通った記憶を持つ上級生の会話にも表れる。

――帰れない　帰りたい

新学期が始まり、桜のつぼみが膨らみ始めると、福島県川俣町の川俣南小学校の校庭に子どもたちの元気な声が響く。

「早く、早く!」「もっと、かがんでー!」

体育の授業で四十人の六年生が赤と白のチームに分かれ、仲間の背中の上を歩くゲームを競った。その中には、山木屋小学校の六年生十一人も交ざっている。

体育の時間は両校の児童が一緒に汗を流す。ただ、いつもは別々に机に向かうからか、山木屋小の子どもは遠慮しているようにも映る。その一人、中村冬美さん（11）は「川俣南小の子と遊ぶのは楽しいけど、人数が少ない山木屋の子だけでやりたいなって思うときもある」とポツリと話す。

山間部にある本来の山木屋小は「へき地校」に当たり、教師は三年勤務が原則。今春の異動で震災当時の先生はいなくなった。六年の担任、上遠野《かとうの》直人先生（37）が赴任したのも震災の一年後。元の学びやでの生活は知らない。「休みの時間とか、気づくと、子どもたちは山木屋小の話をしているんです」

一三年に担任した六年生八人もそうだった。学校の一番近くに住んでいた子は、毎朝一番乗りして校庭で遊んでいたことや、学校の裏山に「ひみつ基地」があったこと、知らない山木屋小のことをたくさん教えてくれた。

子どもたちは国語の授業で、自分たちと後輩のためにと、山木屋への思いを詩で表した。ある児童は、その気持ちをこうつづった（一部抜粋）。

「帰れない　放射線が降ってきて　恐くて恐くて帰れない　放射線は良くないと　まわりの人はたくさん言う　帰りたい　前みたいに大きな森で　たくさんたくさん遊びたい　帰りたい
帰れない　帰れないいけど　帰りたい」

八人の児童は「帰りたい」思いを果たせず、三月に卒業した。「あの子たちの成長に必要な経験とは思わないけど、マイナスだけじゃない。今後、プラスになっていくはず」。上遠野先生はそう信じている。

新学期を迎え震災前から山木屋小に通っていた児童は五、六年だけになった。そして以前には考えられないことも起きてきた。

──野菜避け体重増加

給食の時間、福島県川俣町の川俣南小学校では、放送委員の子どもが教室のスピーカーを通じて、全校児童にこう伝える。

「今日の食材から放射線は検出されませんでした」

放送は、原発事故以降に始まった毎日の「決まり」。川俣南小は避難指示区域から約五キロ外に位置する。それでも、見えない放射線の影を気にする生活に変わりはない。

震災前、町内の学校給食で使う野菜の半分は地元の農家が育てたものだった。大根、白菜、ニンジン…。今はほとんど県外産。「好き嫌いのある子、野菜嫌いの子が多くなった。短期間で体重が十キロ増えた子もいる」。養護教諭の小野幸枝さん（36）は心配が募る。特に顕著なのが、山木屋小の児童。高学年の女子の体重が全国平均より七キロ上回った時期もあった。

震災直後、全国から町のホールに入りきらないほどの支援物資が届いた。簡単に作りやすくカロリーの高いレトルト食品やカップめんが、避難を強いられた山木屋地区の大人や子どもに渡された。地区が避難指示区域に指定される前に、保護者が子どもの被ばくを心配し、先に町中心部の合宿所に身を寄せた児童もいる。ストレスは募り、好きなだけ食べるようになった。

仮設住宅などに移った後も、放射線量を気にしてあまり野菜を食べさせない親も少なくない。山間部の山木屋地区では遠い存在だったコンビニや外食も当たり前となった。

今、児童たちは登校後や授業の合間の「全校マラソン」で校庭を意識的に走る。夏休みや春休みの前は、ＰＴＡが学校で保護者向けに食生活の講習会を開く。「学校の給食だから野菜を食べる、という子もいる。崩れた生活習慣を何とか取り戻したい」と小野先生。児童の体重も少しずつ、全国平均に近づきつつある。

原発事故以降、本来なら必要のない、こうした学校業務が増えた。児童に放射線の知識を教える授業も、その一つだ。

――除染作業ありがとう

原発事故後、福島県内の小中学校では年に数時間、「放射線教育」の授業が加わった。測定器で屋外の放射線量を確かめたり、室内に入る時は靴の泥を落とすよう教えたり。町内の山木屋地区が避難指示解除準備区域などに指定されている川俣町は、除染の説明も重視する。

町中心部の川俣南小の校舎を間借りしている山木屋小の授業で、町原子力災害対策課の二階堂貴人さん（28）が除染作業について教えていた時、児童から「嫌になって辞める人はいないんですか？」と質問を受けた。

「放射線のことを分かった上で入っているし、安全確保もしているよ」。住民の姿が消えた山木屋地区で、完全防備した作業員が除染袋に草木を詰める写真を見せた。

授業を聞いて、子どもたちは会ったこともない作業員たちに手紙を書いた。

「みなさんは避難してだれもいない所で、自分たちのふる里ではなくても除染してくださっています。しかも一つ一つを丁ねいにしてくださっています。けがをしないで活動してくださいね」

素直につづった感謝の気持ち。一方、二階堂さんの授業中、大人向けの除染作業の説明会では必ず聞かれる「いつ帰れるのか？」という質問は、最後まで出なかった。

「『帰れません』って言われるのが、怖かったのかもしれないですね」。二階堂さんは児童の心

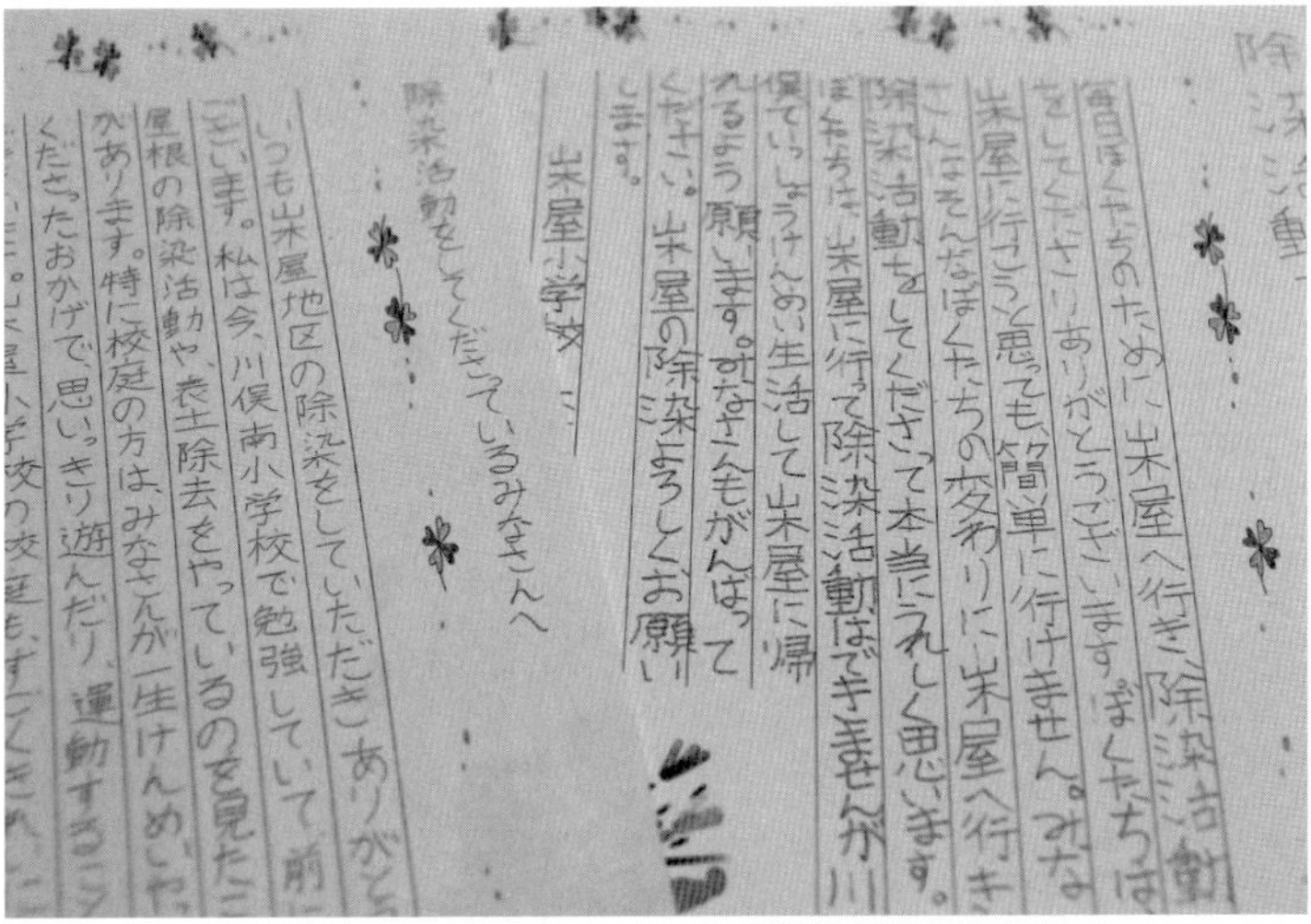

作業員へ感謝をつづった山木屋小の児童の手紙

の内を思いやる。

山木屋地区では今、かつての住民の数に近い千人前後の作業員が連日、除染作業を続けている。山木屋小の校舎周辺の放射線量は、一般の人が被ばくしても問題にならない年間一ミリシーベルトを下回るようになった。ただ、まだ年間一〇ミリシーベルトに近い地域もある。山木屋地区の避難指示解除の時期は決まっておらず、「もう住めないべ」と漏らしている住民もいる。

川俣町の神田紀《おさむ》教育長は「子どもは親のあきらめの声を聞いている。そういう状況でも、故郷は忘れないでいてほしいから、学校ではありのままの現状を伝えたい」と話す。ふるさとの今を考えながら、見ず知らずの作業員に「ありがとう」と伝える子どもたち。その思いだけは持ち続けてほしいと願っている。

――故郷はずっと山木屋

奪われた故郷、父との別れ。大きな試練が続いた三年間だった。

原発事故で山木屋地区から移住を強いられ、町内の仮設住宅に住む安部匠《たくみ》君(12)は一四年春、川俣南小学校の校舎に間借りしている山木屋小学校を卒業した。

元の山木屋小では男女関係なく七人の同級生と仲良しで、よくしゃべる盛り上げ役。ところが川俣南小の校舎に移って五カ月後、「学校に行きたくない」と言うようになった。

それは決まって、木曜と金曜の朝。当時行われていた計画停電で、母・和江さん(46)の勤める工場が休みの日だった。匠君は三人きょうだいの末っ子。学校を休んで母親と一緒に過ごしたかったのか。「お父さんやお母さんが仕事を休んだら、ご飯が食べられなくなっちゃう。だから匠も休まないで」。そう説得すると学校に行ったが、先生も「お母さんに甘えたいのかな」と心配した。

山あいに民家が点在した山木屋地区では、大きな声を出して野山で遊んでいた。仮設住宅では当たり前だった生活ができない。一二年末には父親の義雄さんが突然、くも膜下出血で亡くなった。避難生活が影響した「震災関連死」と認定された。一時帰宅した際に自ら命を絶った人もいる。大人でさえ、環境の変化に苦しんでいる。

避難指示解除準備区域などに指定された山木屋地区は、日中は立ち寄ることができ、匠君も家族と戻ったことがある。あちこちの田んぼで除染した土を入れた真っ黒い袋が何段も積み上がり、作業車が行き交う。「あんなきれいな自然が、こんなことになって悲しくなりました」。久しぶりの自宅はカビのにおいが広がり、庭に雑草が生い茂っていた。「家に行く」と言うこともなくなり、もう一年遠ざかっている。

避難指示は一六年三月にも解除される見込みだったが、除染した汚染土の仮置き場確保などに時間を要し、白紙に戻った。和江さんは「先のこと考えても、見えないから。毎日を何事もなく暮らしていけばいいかな」と思う。

匠君がこれから通学する山木屋中学校は、川俣中に間借りしている。中学でも続く、借り暮らしの学校生活。同級生七人のうち二人は別の中学を選んだ。寂しげに「僕だけではどうにもならないこともある」とつぶやく。それでも「夢はまだ決まってないけど、スポーツ少年団でやってきたバドミントンの選手になれたらな」と目標も語る。

高校に入るころには、山木屋に人々の生活が戻っているだろうか。未来のことは分からない。

でも、「自分の故郷は山木屋だけ」という気持ちは変わらない。

19

絆という名のパス

2015年4月掲載

――福島の復興へダンク

キュキュッ。シューズがコートに擦れる甲高い音を残して、身長二メートルを超える外国人選手が宙に舞った。逆転のダンクシュート。観客席から歓喜の叫び声が一斉に上がった。

二〇一五年四月十二日、福島県いわき市総合体育館。プロバスケットボールリーグ、TKbjリーグの「福島ファイヤーボンズ」が、東日本大震災の被害が大きかったいわき市で初めて開催したリーグ二連戦。東京サンレーヴスを99―87で下し、前日に続く連勝を決めた瞬間、宮田英治社長（43）は、千三百人以上が詰め掛けた観客席を見渡して、うなずいた。

「これだけ盛り上がったんだから、いわき開催は大成功です」

名に「燃える闘志《ファイヤー》」「絆《ボンズ》」の願いが込められたこのチーム、実はプロリーグ参入ありきで発足したわけではなかった。

震災から二年近くがたった一二年末のこと。当時、情報処理関係の専門学校に勤務していた宮田さんは「福島の子どもが福島第一原発事故の放射線を心配して運動不足になり、肥満傾向にある」というニュースに、がくぜんとした。

「子どもたちに、屋内で安心して運動させてやりたい」。自身、中学時代に経験があり、男女ともに楽しめるバスケットボールが浮かんだ。

小中学生対象の教室を開くことを決め、子ども向けの指導カリキュラムを提供していたbjリーグにコーチの派遣を依頼。すると、意外なことに、教室だけでなく、プロチームもつくるよう勧められた。「チームがうまくいけば福島が全国から注目される。震災の風化を防ぐことにつながる」。腹をくくった。

一三年五月、福島県中部の郡山市を拠点に運営会社を設立、出資金集めに奔走した。福島市など市外の企業からは、ときに「山の向こうのチームでしょ」とあしらわれたが、「県民一体となって盛り上がりたい。試合も県内全域でやる」と説得した。初参入した今季、約束通りにホームゲーム二十六試合を、沿岸部のいわき市から内陸の会津地方まで七会場に分散させた。

プロの技に興奮する観客を見て手応えをつかんだ一方で、チームがどこまで復興の力になっているかはまだ、分からない。今も仮設住宅で暮らす人がいる現状を考えると、「スポーツで勇気や夢を与える」という言葉が、独り善がりに思えてしまう時もある。

「何が正解かなんて分からない。でも今はチームのファンを増やし、生活の中にスポーツの楽しさを見つけてもらうことが復興につながると信じたい」

ファンから愛される存在に。チームに、その期待を一身に背負う唯一の福島出身選手がいる。

──一緒に元気になろう

サインをねだる子どもの輪が、誰よりも大きい。

身長一八七センチ、福島県のプロバスケットボールチーム「福島ファイヤーボンズ」の菅野《かんの》翔太選手（23）は、チームで唯一の県内出身選手。藤田弘輝ヘッドコーチ（29）が「翔太が得点したときの盛り上がりは、ほかの選手とはちょっと違う」と認める地元のスターだ。

震災は、バスケをやるために進んだ東北学院大（仙台市）の一年生の終わりごろに起きた。幸いにも、自分も、福島県内陸部の二本松市に住む家族も無事だったが、福島第一原発が爆発。時が過ぎ、自らが暮らす宮城や岩手は徐々に復興しているのに、福島ではその道筋が見えなかった。

それから二年余、大学四年として迎えた一三年夏。地元にプロバスケチームができることを知った。「試合で活躍することで、被災した人に『一緒に元気になろう』と伝えたい」。迷いなく進路を固めた。

3点シュートを得意とする新人フォワードに与えられた背番号は「21」。ファンの期待を背負い、一四年十月のリーグ開幕から試合に出た。だが、コートでは緊張から硬くなり、思うようなプレーができない。年明けまで3点シュートの成功ゼロ。十四本連続で外した。

ある日のこと。小中学生向けのバスケ教室「ボンズスクール」の指導に行くと、子どもに「もっとシュートを決めてよ」と言われた。返す言葉がなかった。一方、ファンには試合でどんなにミスをしても「次は頑張ってね」と励まされた。「福島の人を元気に、と意気込んでいたのに…」。情けなさが募った。

それでも「観客は地元出身の僕を見に来る。控えで

試合開始前、ファンに迎えられコートに向かう菅野選手

も、子どもの手本にならなきゃ」と、ベンチで声を張り上げた。試合の流れを読んで指示を出しているうち、コートに立っても緊張しなくなっていた。一五年二月の試合で初めて3点シュートに成功。会場が沸き立つのが自分でも分かった。

震災から四年一カ月となった一五年四月十一日、福島県いわき市での試合。三月の九試合で3点シュートを十六本決めた好調さを買われ、ホーム戦で初めてスタメンで出場。逆転のきっかけとなるシュートを決めるなど攻守に活躍した。

今、思うのは「誰かのあこがれになれるのは、プロの特権」だということ。「自分のプレーをきっかけに、子どもたちがスポーツに打ち込んでくれたら、うれしい」とも。

その言葉は、震災後に屋外での運動が制限された福島の子どもたちに向けられていた。

――運動の楽しさ知ったよ

一三年八月、福島県の子ども向けのバスケットボール教室「ボンズスクール」が、県中部の須賀川市で始まった。

会場に着いた小学校低学年の児童は、われ先にと体育館に駆け出した。が、すぐに息が切れ、立ち止まる。以前、首都圏の子どもを教えたことがある同スクールの安藤太郎コーチ（28）は

「福島は極端に体力のない子が多い」と感じた。
実は、福島第一原発事故後、放射能の影響を親が心配し、子どもが外で遊ぶ機会が減っていた。文部科学省の一二年度の調査では、県内の「肥満傾向児」は幼稚園から高校のほとんどで二年前より増加。小三だと、5．1ポイント増の13．5％になっていた。

須賀川市のほか、福島市や郡山市など県内七カ所にある「ボンズスクール」。指導に派遣された地元のプロバスケチーム「福島ファイヤーボンズ」の選手とコーチは、バスケより先に、「運動がおもしろいと思えるように」と鬼ごっこで体を動かすことから始めた。

ボールを使い始めれば、「ボールが怖い」と泣く子も。高くバウンドしたボールの下をくぐらせるゲームで恐怖心を和らげた。ドリブ

スクール中にドリブル練習を兼ねた鬼ごっこを笑顔で楽しむ子どもたち

ルが十回も続かない女の子には、「ピアノを弾くようにボールを押してみて」と手ほどきした。

それから二年近く。子どもたちのプロ選手へのまなざしが変わってきた。

当初は高く跳び上がってのシュートや素早いドリブルを見ても、「大人だからでしょ」と素っ気なかったが、今では、かっこよくまねをする。「少しずつプロのすごさが分かってきたみたい」とコーチの安藤さん。何より、教室を通し、子どもたちに運動の習慣がついたことが、うれしい。

四月上旬、郡山市の教室。地元の主婦・野崎真貴《まき》さん（39）が、一月にバスケットを始めた小学二年生の長女・凜《りん》ちゃん（7つ）の練習を見つめていた。

自由に外で遊べなくても、特に変わった様子を見せなかった凜ちゃんだったが、教室に通わせると、休日に「バスケがしたい」とせがむようになった。そんな姿を見て、気づいた。

「おとなしかったのは運動しなくても平気だったからじゃない。運動の楽しさを知らなかっただけ」

初めはゴールにボールが届かなかった凜ちゃん。この日、シュートを決めると真貴さんに駆け寄り、息を弾ませた。「いつか、かっこいいダンクを決めたい」

子どもたちがあこがれるプロの世界。一五年四月十一日に、いわき市で初めて開かれた試合は、復興の象徴でもあった。

――体育館に笑顔戻った

四年前のあのころは、コート一面が、自衛隊員の寝具で覆われていた。いわき市の総合体育館。一五年四月、地元のプロバスケットボールチーム「福島ファイヤーボンズ」の公式戦が初開催された場所だ。

体育館職員の樋口宏典さん（34）が、日誌をめくる。そこには、救助部隊が寝泊まりしていたころの写真。「プロの試合ができる日がくるなんて…」。感慨深げにつぶやいた。

三十四年前にできたこの体育館。いわき市出身のボンズのチアリーダー、遠藤加菜《かな》さん（19）には、中学二年の時、市の卓球大会で団体優勝し、仲間と喜び合った思い出がある。

震災後、全国から駆け付けてくれた自衛隊や消防の人たちには感謝しかない。でも、スポーツで汗を流し、笑ったり泣いたりする人の姿が消えたことに、「何か大事なものが失われたような気がして、どこか苦しかった」。

笑顔で応援し、会場を盛り上げる遠藤さん

震災から四カ月して、体育館の一般利用が再開された。そのころ、県内各地では、「復興支援」と銘打った人気アイドルやモデルのトークショーも開かれるようになっていた。ありがたかった。半面、「本当の復興には、継続して盛り上がれるものがほしい」との思いも募った。

それから三年ほど。福島県郡山市の美容師の専門学校に通い始めた一四年の夏、地元にプロバスケチームができることを知った。チアリーダーも募集していた。「これだ」と思った。オーディションに合格し、一四年十月のリーグ参戦とともにデビューした。

一五年四月十一日のいわきでの試合。仲間のチアリーダー八人と「レッツゴーボンズ」と声を張り上げていると、見慣れた地元の高校の制服を着た女子生徒を、観客席に見つけた。声援を送るのを恥ずかしそうにしていたから、笑顔を向けてみた。すると、手を振り返してくれた。

その試合、チームは74―69で逆転勝ち。さっきの彼女の方を見ると、一緒に観戦した友達と手をたたいて喜んでいた。「思い出の体育館には、やっぱり笑顔が似合う」と思った。

体育館にこだましたのは、「レッツゴーボンズ」の大声援だけではなかった。試合開始前、ベンチ真裏の観客席で、「レッツゴーふくしま」の掛け声が響いていた。

――円陣　今なら胸張れる

「福島ファイヤーボンズ」の試合直前、チームカラーの紫色のTシャツを着たファン三十人ほどが、ベンチ真裏の観客席で円陣を組み、三回叫んだ。

「レッツゴーふくしま！」

福島第一原発事故が起きた四年前のあの日から、故郷は一変した。外出した子どもたちは一様にマスク。胸元には首から下げたバッジ形の小型線量計が揺れていた。新聞やテレビは、原発事故の続報や、農業や観光業への風評被害を連日のように伝えていた。

試合前の円陣のメンバーの一人、福島県郡山市の清水美紀さん（32）はあのころ、「県外の人に福島出身とは言いづらい気分」だった。あるとき、栃木県足利市にある夫の実家に夏になると届けていた桃のことが、気になった。「両親にどう思われているかな…」と。桃を、菓子に変えた。

それから三年が過ぎた一四年十月のこと、友人の誘いで、ボンズの試合を初めて見た。スピード感のある試合展開に夢中になった。恥ずかしくて尻込みしていた試合前の円陣も、何試合目だったかに、誘われるがままにやってみたら、はまった。

今では対戦相手の本拠地での試合にも足を延ばすようになり、観戦は既に四十試合近く。あんなに言いづらかった「ふくしま」を、もう百回以上叫んでいる。自分でも不思議だ。

ボンズファンの円陣は遠征先でも一目置かれ、ときに相手チームのファンから「福島の熱心な応援にはかなわない」と言われる。

故郷の復興は道半ばだが、「今なら、福島に生まれ育ったことに、胸を張れる」。今年の夏は、自信を持って夫の実家に桃を届けようと思っている。

そんな清水さんの観戦仲間、北畠由起子さん（39）。震災の翌日、親戚がいる大阪に避難した。実は、福島からの移住を考えていた。だが、小学四年生の

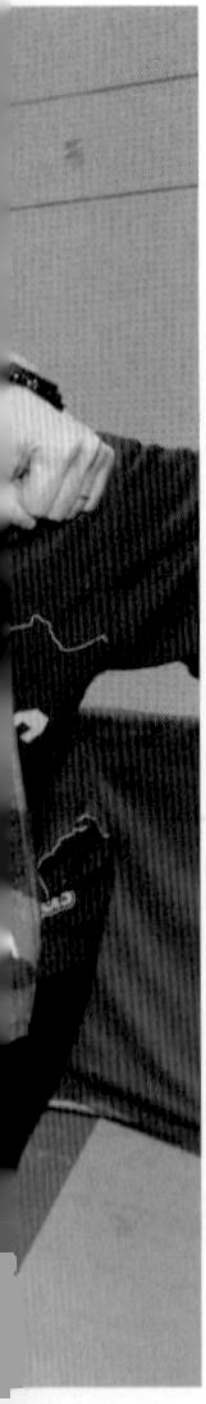

双子の娘に「福島の友達といたい」と泣かれ、新学期を前に三週間で地元に戻った。

今、そんな苦い体験をファン仲間に話すことはない。逆に仲間から震災当時の話を聞くこともない。だが、一緒に肩を組んでボンズの勝利を願うとき、感じる。

「震災でばらばらになりかけた福島の人たちが、同じ場所で、同じ喜びを分かち合っている。あの時、帰ってきて本当によかった」

肩を組み「レッツゴーふくしま！」と叫ぶ(右から)北畠由起子さん、清水美紀さんら

最後の学芸会

20

2015年10月掲載

――「浜っ子」兄ちゃんと一緒

「落ちても、そこの漁船のへりにつかまれば大丈夫」

桜井拓海《たくみ》君（7つ）が、桟橋の手すりの上に立ち、海をのぞく。秋の柔らかな陽光にきらめく水面《みなも》に、小さな漁船が浮かんでいる。水を怖がっていた拓海君は、海と生きる「浜っ子」に成長しつつある。

日本三景の一つ、宮城県・松島に浮かぶ宮戸島。創業五十年余の老舗「大高森観光ホテル」が、拓海君の家。調理場の隣が家族の部屋で、両親と兄と妹、祖父母の七人で暮らしている。里浜、月浜、室浜《むろはま》、大浜の四地区からなる宮戸島の人たちは、自らを「浜っ子」と呼ぶ。「小さいころに父親に海に放り込まれ、泳げるようになった」と笑うのは、拓海君の父でホテルの三代目、浩さん（52）。拓海君や、三つ上の兄の望海《のぞみ》君（10）の二人にも浜っ子になってほしいと願い、名前に「海」の文字を入れた。

そんな兄弟二人は、四年半余前の東日本大震災の時、本土の東松島市野蒜《のびる》地区にある保育所にいた。島から車で駆けつけた浩さんと、近くの親戚の家へ。津波が押し寄せる中、二階へ駆け上がり、難を逃れた。

そのころ、松島の島々のうち外洋に面した宮戸島へも、津波が襲っていた。全二百六十戸の七割にあたる百七十七戸が全壊、流失。十四人が犠牲になった。

それからだった。拓海君は保育所の方に行くことを嫌がり、夜は「津波が怖い」と泣いて目を覚ます。夏になると、足が着く浅いプールでも入ることを拒んだ。心的外傷後ストレス障害（ＰＴＳＤ）が疑われた。

一方、望海君は幸いにも、目立った影響はなかった。元気にプールへ通い、海では釣りに夢中に。足を滑らせ、落ちてもへっちゃらだった。

そんな望海君の後を、拓海君はついて回った。震災から二年ほどすると、症状が和らぎだした。夜泣きが収まり、プールで徐々に泳げるようになった。友達が砂浜で一緒に遊んでくれたことや、専門家によるカウンセリングの効果もあったかもしれないが、「お兄ちゃんの存在が大きかった。同じことをしようと頑張っていますから」。祖父の邦夫さん（79）が目を細める。

兄弟は最近、学校の作文に「将来はお父さんのようになりたい」とつづった。客入りは震災前の四分の一に減ったが、美しい松島の風景や、板前でもある浩さんが振る舞う海の幸を楽しみにする固定客に支えられている。「無理して継がなくてもいいのに」と浩さんは話すが、顔はうれしそうだ。

そんな二人が通うのが、宮戸《みやと》小学校。全校児童十八人がきょうだいのように仲良く過ごす島で唯一の小学校は、二〇一六年三月末の閉校が決まっている。

――熱血教師　願いを込めて

宮城県の名勝、松島に浮かぶ宮戸島で唯一の小学校、宮戸小。一、二年複式学級の担任・宮崎敏明さん（49）は充血した目で、発泡スチロール製の竜を見つめた。

「シェンロンに見えるかな？」

シェンロンとは、人気アニメ『ドラゴンボール』で、どんな夢もかなえるキャラクターだ。九月下旬のこと。学校に残り、夜なべして作ったという。

震災から一カ月。授業が再開されると、宮崎さんは、子どもたちの行動が以前と違うことに気づいた。避難所の前で自転車を猛スピードで乗り回し、お年寄りにぶつかりそうになったり、上級生が理由もなく低学年の子を足蹴《あしげ》にしたり…。「目を疑いました。いつもの心優しい子たちじゃありませんでした」。不安によるストレスが原因とみられた。

「自分に何かできることはないか」。思い立ったのは、得意の美術。全校児童で「十年後の明るい未来」をテーマに一枚の壁画をつくることにした。縦一・八メートル、横三・六メートルのキャンバスに子どもたちが描いたのは、高台に家が立ち並び、漁船の上で笑顔でサケやタイを釣り上げる様子。完成すると、児童たちを見守るように体育館に飾られた。

都市部への人口流出に伴い、宮戸小の児童数は一九八八（昭和六十三）年に百人を切った。さらに震災後、津波の被害を受けた島での暮らしをあきらめて引っ越す人が相次ぎ、児童数も十八人まで減った。

一八七三（明治六）年の開校から百四十二年の歴史を刻んできた宮戸小だが、一六年四月、東松島市の本土、野蒜地区の野蒜小と統合し、「宮野森小学校」として生まれ変わる。百四十三人でスタートを切る予定だ。

一五年十月三日の最後の学芸会に向け、宮崎さんは、子どもたちが好きなドラゴンボールにちなんだ劇を練り上げた。一年生一人、二年生五人全員が主役級。力を合わせて島を巡り、七つのドラゴンボールを見つけ、シェンロンを呼び出す。そして、ある願いをかなえてもらう。

それは、「宮戸島太鼓」が生まれた三十年前の宮戸小にタイムスリップして、子どものころの父親らから秘訣《ひけつ》を学ぶことだった。習得すると、再び時空を超えて現在の世界に戻り、六人全員で披露する—という物語だ。

震災後に全校児童が描いた「10年後の宮戸島」

赴任して八年目。島の人から「人の三倍働く熱血教師」と信頼される宮崎さん。「地域に愛される伝統で劇を締めくくりたい」。そう強く思ったのは、宮野森小で、宮戸島太鼓は受け継がれることがないからだった。

――宮戸島太鼓　心をつなぐ

「授業に出ないで、子どもたちだけで船を出して釣りをしたり、海に潜ってウニを採って食べたり…。僕らの学年はそういう子ばかりでした」

宮戸島の定置網漁師、尾形秀樹さん（42）はばつが悪そうに笑う。宮戸小六年生のころの話だ。

自らを「浜っ子」と呼ぶ島の人たち。当時の六年生十三人は、尾形さんを含めほとんど漁師の子。会社勤めの親も、週末は漁をしていた。「僕らは浜っ子の中でも元気が良い方だったようです。エネルギーを発散させるために、あの太鼓が生まれたと聞いています」

あの太鼓とは、豊漁を祈願する「宮戸島太鼓」。発案したのは、三十年前、六年生の担任だった石垣好春さん（62）。赴任した年の秋の学芸会で、新潟県・佐渡島や神奈川県・三浦半島に伝わる演舞をヒントに宮戸島太鼓を創作した。

「海に生きるたくましい子たちの思いを込めた」と石垣さん。網に魚がかかるのを待つ静けさを小さな音で表現したり、魚が跳びはねる様子をイメージし、「やっ！」と歯切れの良い掛け声を上げたり。尾形さんは「最初は『やんなきゃいけねーのかなー』って思ってたけど、だんだん楽しくなった」と懐かしむ。

以来、代々伝承されてきたが、閉校後の一六年四月に新設される宮野森小では、おそらく受け継がれない。一緒になる野蒜小校区の子どもが全校児童百四十三人中、百二十六人を占める見込みのためだ。震災後に野蒜小が始めた「復興太鼓」が授業の一環として取り入れられるという。

「宮戸島太鼓の響きは島民の支え。学校がなくなっても、地域には残したい」。震災で失った漁船を造り直し、サケの定置網漁を再開した尾形さんの心には、太鼓の音が復興の象徴として響く。学校がなくなっても、有志で保存会を立ち上げ、子どもたちに教えていくつもりだ。

十月三日の宮戸小の最後の学芸会。宮戸島太鼓をたたく全校児童十八人の中に、尾形さんの次女、五年生のみさきちゃん（10）の姿があった。

中学生の兄二人や姉のように、午前三時に起きて定置網漁を手伝うことはまだないが、かご網漁や漁船の係留の仕方を覚えつつあるみさきちゃん。震災の被害を乗り越え、家族を漁で支える父親を「すごい」と尊敬のまなざしで見つめる。

学芸会で任されたのは、全体のリズムを刻む「締《しめ》太鼓」。たたきながら、心の中でつぶやいた。

「お父さん、頑張って」

――迫力の音　俺たちだから

「やっ！」

宮戸小の体育館に、子どもたちの掛け声と太鼓の音が響き渡った。最後の学芸会には、家族だけでなく、地域のお年寄りも集まり、例年を上回る百人以上で体育館はいっぱいになった。

幕開けは、全校児童十八人による「宮戸島太鼓」。六年生三人が大太鼓を打ち鳴らし、五年生四人がひと回り小さい締太鼓でリズムを刻む。一～四年生十一人は大漁旗を振り、ばちをたたき合わせた。

続いて、一、二年生六人による劇。三十年ほど前にタイムスリップし、宮戸小に通う父親たちから、宮戸島太鼓の極意を教わるというストーリーだ。

二年生の尾形颯太《そうた》君（7つ）が演じたのは、父、秀一さん（35）の役。「つらいことがあっても協力しあってきた俺たちだから、太鼓に迫力がある」と語ると、宮戸小の卒業生でもある会場の保護者から笑みがこぼれた。

劇の最後には、上級生に負けないほど勢いのある太鼓演舞を披露。最前列でビデオカメラを構えた秀一さんは「昔を思い出した。二人とも家で頑張って練習した成果が出ていた」と顔をほころばせた。

三、四年生五人は、江戸時代に日本で初めて世

最後の学芸会で「宮戸島太鼓」を響かせる全校児童18人

界を一周したと地元で伝えられる宮戸島出身の多十郎、儀兵衛の体験にちなんだ物語を熱演。五、六年生は仲間同士の絆をテーマにした「義経と弁慶」を演じた。

最後に全校児童が再び舞台に上がり、校歌や「ふるさと」を力いっぱい合唱すると、涙をぬぐうお年寄りも。二年生の桜井拓海君の祖母、満子さん（77）も宮戸小の卒業生。「自分が昔、母に作ってもらった赤いマントを着て劇に出たことを思い出したわ」と懐かしむ一方、「もう、最後なんてねえ…」とつぶやいた。

「低学年の太鼓がうまかった」「三年生の演技もよかったなー」

学芸会が終わってもなお、熱気がこもる体育館。六年生の桜井諒《りょう》太《た》君（11）と門馬魁《かい》士《し》君（11）は、弟のようにかわいがる下級生たちの熱演ぶりを思い返し、盛り上がっていた。

だが、会話はやがて、卒業後の話に。「学芸会も終わって、閉校が近づいてくる。嫌だな…」と門馬君がつぶやいた。思い出の詰まった校舎は閉校後、取り壊される。

——18人の絆、いつまでも

ありがとう　宮戸小

校舎の窓に飾られた子どもたちの手作りの文字が、一六年三月の閉校を現実のものにする。

「なんで校舎をぶっ壊すんだよな」。五年生の尾形陽孝《ひだか》君（11）が、うらめしそうにつぶやいた。

宮城県東松島市の宮戸島で唯一の小学校、宮戸小の校舎は、閉校の翌年以降に解体される。跡地には、漁業体験や海水浴の拠点となる県立の「松島自然の家」ができる。二百人が宿泊でき、島の活性化への期待は確かにある。が、今は百四十二年の歴史がある母校が消えることを悲しむ声が島に多い。

「将来、ここに来ても、思い出を振り返ることもできないよ」。尾形君が空をにらむ。全校児童十八人が、三日の最後の学芸会で宮戸島太鼓をたたいた体育館も、刑事役が泥棒役を捕まえるために走り回る「どろけい」に夢中になった校庭も、なくなってしまう。

放課後に「どろけい」で校庭を駆け回る児童たち

島の子たちが一六年四月から通う宮野森小は、東松島市の本土に新設される。

これを心配するのが、震災後、宮戸小へ通い続けるスクールカウンセラーの伊藤克秀さん(73)。「環境が変わると、震災がもたらした生活の変化を無意識に思い出し、不安を感じてしまうんです」

そんな中、震災で傷ついた心の癒やしになればと、宮野森小の新校舎は、英国出身の環境保護活動家C・W・ニコルさん(75)の「アファンの森財団」が整備した森の隣に建てられる。森の中には、遊歩道や展望台、木の上のツリーハウスがある。動植物と触れ合う野外学習も授業に取り入れられる。この話題になると尾形君も「楽しみ」と顔が明るくなる。ただ、子どもたちにはまだ、不安がある。宮野森小に通う見込みの全校児童百四十三人中、野蒜地区の子どもが百二十六人を占めることだ。

桜井望海君と拓海君の兄弟は「人が多いのは嫌だ。みんな、そう言ってるよ」と口をそろえる。

「統合といっても、大人数の野蒜小に加わるような形。うまくなじめるでしょうか。特に拓海は津波を思い出し、『怖い』と夜泣きすることが収まったばかりなのに」と祖父の邦夫さん。

「大人もめいりそう。震災後、島から大勢が引っ越していった今、閉校は避けられないのでしょうが、子どもの声が島から消えてしまうようで」

閉校まで、あと五カ月。十八人の児童、そして島の人たちは、期待と不安を胸に、思い出の学び舎《や》と残された日々を過ごしていく。

祭りばやしが聞こえる

21

2015年11月掲載

――再びともに踊れる喜び

そろうたか　並んだか　そろうたかサァ、ヤレ

朗々とした歌声が、秋晴れの空に吸い込まれていく。晴れ着をまとった女性たちが三列に並び、腰を落として優雅に舞う。

福島県南相馬市小高区の村上地区で、南北朝時代から続くと伝わる「村上の田植踊」。豊作祈願の民俗芸能だ。花がさをかぶった「早乙女」の動きは、一目で田植えを連想させる。

二〇一五年一一月一日。南相馬市原町区に、福島県内の郷土芸能が一堂に会した。県主催の「ふるさとの祭り」。芸能の保存と継承を目的に、東日本大震災後の一二年から始まった。"トリ"を務めたのが「村上の田植踊保存会」の男女二十一人だ。第一回から出演を重ね、被災した芸能団体の復活のシンボルとなっている。

早乙女と向き合って踊る男性役の「弥八」は、ホッキ貝や千鳥の柄が染め抜かれた漁師の晴れ着「万祝《まいわい》」を身にまとう。村上と海の近さを伝える衣装だ。住民は代々、半農半漁の暮らしを営んできた。

あの日。沿岸の村上は、津波で壊滅的被害を受けた。全七十三戸中、七十戸が流失。住民二百七十人のうち六十二人が亡くなった。保存会も当時の会長ら十二人が犠牲になった。

地区は、福島第一原発の二十キロ圏内でもあった。住民は避難を余儀なくされ、誰しも生活再建で精いっぱい。弥八役の一人、堀川のぶ子さん（61）は「しばらく田植踊のことを思い出す余裕もなかった」。

それから数カ月。故郷への一時帰宅が許されたときのこと。津波に襲われたある家の二階から、一枚の着物が見つかった。田植踊に使う、あの、万祝だった。春祭りで踊りを奉納していた神社を失った住民には、一筋の希望に見えた。

「やっぱり、伝統を絶やすわけにはいがねえな」

翌年の一二年三月。住民の多くが避難した原町区で地区の総会が開かれ、保存会の存続が決まった。

一本植えて　千本となれよ

村上の田植踊は全国放送され、今や県内で最も有名な芸能の一つになった。二日間の「ふるさとの祭り」で集めた観客は最多。保存会のメンバーは、ともに踊れる喜びをかみしめた。

「ふるさとの祭り」で、豊作祈願の舞いを披露する「村上の田植踊保存会」のメンバーら

その一人、歌い手の女性が舞台を降りると、ふと、記者に語りかけた。
「行ってみっかい？　村上へ」
その表情は、どこか寂しげに見えた。

――「村上」の名残すために

外来種のセイタカアワダチソウが海風を受けて黄色い花を揺らす。「震災前は緑のじゅうたんだったのにね…」。福島県南相馬市小高区村上地区の民俗芸能「村上の田植踊」で歌い手を務める岡和田とき子さん（64）は、ため息をついた。

まず、思い出すのは、田植えの季節。春から初夏の風景だ。自慢の美田が広がっていた。夏が近づくと、特産のレンコンが、可憐《かれん》な紅白の花を咲かせた。そんな故郷の色を、津波と原発事故が奪った。

「ふるさとの祭り」での舞台を終えた女性たちは、その足で村上へ向かった。皆、九月の彼岸以来の帰郷だ。

「あの砂利が山積みになっている場所が私の家《うち》」。夕日を受けながら、田植踊で男性役の「弥八」を演じる坂本けい子さん（59）が指さす。護岸工事のための資材置き場になっていた。「津波が全部流した。何にも残らんかっだね」

南相馬市は震災の翌年、津波で甚大な被害を受けた村上地区を災害危険区域に指定した。大部分は津波の緩衝地帯として防災林が整備され、新しい住宅は建てられない。それは、事実上、住民が故郷へ帰れないことを意味する。

岡和田さんは福島市に、坂本さんは南相馬市の内陸部に、それぞれ家を建てた。津波につかった墓を新居の近くに移す人も増えた。前を向いていくためだ。

でも、「後ろめたさはある」と住民たち。「村上」の名前が消えてしまう——。口にはしないが、危機感と喪失感は大きい。

故郷の仲間が顔を合わす回数は極端に減り、田植踊の稽古がほとんど唯一の機会になった。ばらばらになってもおかしくない地域の絆が今も続くのは、先祖代々、受け継いできた民俗芸能があるからだ。

田植踊の保存会は一五年三月、県の重要無形民俗文化財に指定された。被災した東北三県の芸能団体では、震災後初のこと。

津波に襲われた故郷で、かつての美しい風景を思い出す「村上の田植踊保存会」の坂本けい子さん㊨、岡和田とき子さん㊧ら

「責任が大きくなっだなぁ」と岡和田さん。保存会のメンバーは高齢化し、後継者の育成も道半ば。「大変だけど、何とか伝えていこうよ。村上のみんなでさ」

女性たちは、故郷の名の存続を田植踊に託し、舞い続ける。一方で、村上への帰還にこだわり続ける男もいる。

――次は男衆の出番だべな

福島県の重要無形民俗文化財、南相馬市小高区村上の民俗芸能「村上の田植踊」は、ユーモラスな「道化」から始まる。「田遊び」とも言い、農民が馬を使って代かきをする様子を五人の男性が表現する。

ひときわ、おどけたしぐさで演じるのが、橋本尉記《やすのり》さん（74）。今は、内陸部の仮設住宅で暮らしている。

半農半漁の家に生まれたが、二十代半ばから、冬の農閑期などに福島第一原発で働いた。建屋をつくる際の足場の組み上げに掘削、クレーンの運転…。一〇年夏まで四十五年間、あらゆる作業を経験した。

「村上の田植踊」で、「道化」を演じる橋本尉記さん。故郷へ帰る日を心待ちにしている

あの日は、沿岸近くの自宅にいた。経験に無い激しい揺れ。九十代の両親と妻、近所の人らを軽トラックの荷台に乗せ、高台にある貴布根《きぶね》神社を目指した。

「津波が来るぞ！　みんな早ぐ逃げろ！」。道すがら叫び続けたが、地震で散らばった家財の片付けを優先し、逃げなかった住民も多かった。何人もの古なじみが、濁流にのまれるのを目の当たりにした。

南に十六キロの福島第一原発では、放射能が漏れる爆発事故が起きた。震災から四年八カ月となるが、岩手や宮城の沿岸部で少しずつ進む「復興」を、橋本さんは実感できない。だから、原発は「憎い」。が、一方で「恨めない」とも。他の住民も多くを語らないのは「みんな、大なり小なり、世話になったから」。

橋本さんは今、毎日のように車で三十分の村上へ通う。放射線量は依然高く、住むことはできないが、人に教えていないポイントで天然ウナギを捕ったり、倒壊を免れた家の軒先を借りて菊の盆栽を育てたり。

住み慣れた故郷を離れることは考えられない。「ウナギも盆栽も、いつかみんなが帰ってきたときの、おもてなしの準備だな」。そう話すときの表情は、田植踊の舞台に立つときと同じ、底抜けに明るい。

「道化」に欠かせない馬のかぶり物は、震災翌年にがれきから捜し出して修理した。やり残したのは、あの日、命をつないでくれた地域の氏神、貴布根神社に奉納する神楽の復活だ。「田植踊は女性たちが頑張って復活させた。次は、男衆の出番だべな」

震災を乗り越え、故郷に伝わる営みを復活させようと奮闘する住民たち。そんな取り組みこそが地域の真の復興につながる、と支援する人がいる。

――芸能支えた祈り今こそ

「震災で並々ならぬ苦労をされた方たちです。道具や衣装も流されて…」

「ふるさとの祭り」で南相馬市小高区村上に伝わる「村上の田植踊」の踊り手を紹介する、その男性。元高校教諭の懸田《かけた》弘訓《ひろのり》さん（78）だ。

まなざし、語り口、すべてが優しい。そんな懸田さんが誰より芸能の復活に奔走してきたことを、出演者たちは知っている。

懸田さんは県立高校の音楽教諭の傍ら、一九八〇年代から三十年以上にわたり、県内の千二百にも及ぶ民俗芸能を、訪ね歩いて研究してきた。

「古風なものから、洗練され、芸能化が進んだものまで、福島には種類、数とも驚くほど多くの芸能が伝えられているんです」

背景には、東北の凶作の歴史がある。農民は春から秋に吹く冷風「やませ」に長年苦しめられてきた。豊作祈願、無病息災。祈りが伝統を支えてきた。

「今、祈りの意味と重要性が、増しつつある」

懸田さんは言う。芸能には、言葉による慰めや激励には無い「復興」への力がある、と。

ふるさとの祭り」で各地の民俗芸能に込められた意味を解説する懸田さん

震災後、文化庁の委託を受けた「民俗芸能学会福島調査団」の団長として、県内の芸能団体を調査した。「浜通り」と呼ばれる沿岸地域では、津波や原発事故の影響で住民が散り散りとなっており、調査対象の三百五十団体中、三分の二が存続の危機にあった。代表者に連絡すら取れなくなっていた団体も多かった。

そんな中、懸田さんは存続を望む団体を後押しした。国、県、市、民間のあらゆる助成制度を調べ上げ、「道具の修繕費用なら心配は要らない。ぜひ続けて」と声をかけた。一五年五月にNPO法人「民俗芸能を継承するふくしまの会」を立ち上げると、団体同士の交流の場をつくり、存続の機運を盛り上げている。

「ふるさとの祭り」で躍動する団体の数々を感無量の面持ちで見つめる懸田さん。全国的に民俗芸能が衰退傾向にある中、「災害時に欠かせない地域の絆や助け合いをはぐくむのは、実は、古くから繰り返し営まれる『土着』の民俗芸能なんです」。

懸田さんに背中を押され、今や復活のシンボルとなった村上の田植踊。だが、課題もある。それは、将来に向けた話―。

――小さな舞　大きな希望

子どもたちの舞が、将来への希望を感じさせてくれた。

岡和田とき子さんは一五年十一月十四日、市内の小学校にいた。津波被害を受けた小高区の三校が身を寄せる仮設校舎。郷土学習の発表会で、自らが手ほどきした六年生十七人が、田植踊を堂々と演じていた。

「直接教えたのは二回だけなのに…。すごいよね、子どもたちって」

恐らく経験はないであろう田植えの動作を、踊りで一生懸命に表現する児童たちの姿が、岡和田さんの胸を震わせた。

震災前、小高区だけで二十カ所以上に伝わっていた田植踊。地元住民が学校や子ども会で教える機会もあった。だが、震災後、再開できたのは村上だけだ。

岡和田さんが高学年に教え始めて三年になるが、今はまだ〝種まき〟の時期。彼らがそのまま後継者になってくれるとは思っていない。「将来、一人でも『昔、田植踊を踊った』と思い出してくれたらいい」。そのためなら、転居先の福島市から片道一時間以上の運転も苦に感じない。

田植踊の保存会には現在、震災前とほぼ同じ四十一人が名を連ねる。だが、県外に避難したメンバーもおり、継続的に踊れるのは二十数人。大半が六十代以上だ。復活のシンボルとして脚光を浴びる機会も多い一方、メンバーは将来への不安をぬぐえないでいる。

岡和田さんが大切にする一本のカセットテープがある。先輩の歌い手たちが歌う、田植踊の曲が収録されている。音源は少なくとも四十年以上前だという。

あの日、車で高台へ逃げた岡和田さん。テープは、運転中でも練習できるよう、カーステレオに入れていたため無事だった。今も、代々伝わる独特の節回しから自分の歌声が外れていないか、聴き直す。

一方で、学校で田植踊を教えるにあたり、テープを複製。子どもたちは、曲を繰り返し聴いて練習を重ねてきたという。

「歌詞の意味は分からなくても、震災で失った故郷の風景を思い浮かべたんじゃないかな。民俗芸能の調べって、やっぱりどこか懐かしいものだから」

祭りばやしに乗せた歌声が、村上の暮らしと祈りの記憶を伝えてくれる。岡和田さんはそう信じている。

編集後記

第一章　くぐなり日記　P. 11

二〇一五年末、十八成浜の仮設住宅の阿部邦子さんに電話した。春に復興公営住宅に移ること。砂浜の再生に石巻市が乗り出すこと。近況を話してもらった。

復興の象徴に、桜に似た花を咲かすアーモンドの木を千八百本植える試みも。「チョコでおなじみでも、木や花を知る人は少数。どこにもある桜でなく独自路線で」。今も月二回、東海から訪れるボランティアと決めた。

「震災前の十八成浜より面白く」。人々の挑戦を見続けたい。

（相坂　穣）

第二章　捜す、探す　P. 23

被災地の歩みを前向きにつづる連載の中では異色かもしれない。二年半の節目は、行方不明者の捜索を続け、どうすれば救えたか自問する被災者に焦点を当てた。復興への歩幅は人それぞれ。こぼれ落ちそうな声を受け止めたいと考えた。

連載で取り上げた上野敬幸さんの「福興浜団」は五年目を迎えた今も、週末に沿岸部を歩く。高松康雄さんはその後、潜水士の資格を取り、自ら海に潜っている。彼らに「風化」の言葉はない。

（奥田哲平）

第三章　届いて、あなたへ　P.39

津波で行方不明になった夫への「手紙」を書きためていた岩手県陸前高田市の熊谷さん。海が見える仏間で私が百枚近い手紙を読み終えたころ、「見てもらえて良かった」とつぶやいた。誰に見せるでもなく仏間の壁に貼っていた手紙は、本来は夫に宛てたものだ。ただ取材で初めて出会った私にも、夫を思う熊谷さんの気持ちの深さは伝わった。手紙は人に読まれてこそ、その役割を全うするのだろう。（立石智保）

第四章　俺たちのプレーボール　P.53

練習場の確保に、まだまだ復興に忙しい職場との折り合い。高田クラブは今も厳しい環境下にある。取材後、主要大会で思うような結果は残せていないが、甲子園経験者を含む若手選手も入団した。選手兼マネージャーの実吉学さんは「戦力的には向上した。いつか再び全国大会に出たい」と話す。たかが野球、されど野球――。ひた向きな「野球小僧」たちの活躍は、野球が盛んな陸前高田市の復興の原動力として欠かせない。（鈴木龍司）

第五章　酒造りに懸ける　P.65

東日本大震災の被害は、と問われてイメージするのは、何より大津波だ。「揺れ」がもたらした、実は強烈な内陸の被害はどうしても埋もれがち。めげず立ち上がった喜久盛酒造と、東海地方が拠点のトヨタ自動車の意外な縁を知った時はちょっぴりうれしかった。

酒といえば、震災直後のお花見自粛騒ぎが忘れられない。「自粛なんかしないで、東北の酒飲んで復興を応援してよ」。何度も聞いた蔵人の本音も、しかと刻んでおきたい。

（中野祐紀）

第六章　宿の名は灯台（エルファロ）　P.79

震災から二年二カ月が過ぎたころに訪れた宮城県女川町は、土地のかさ上げのための盛り土が目立ち、海岸沿いにはほとんど何も残っていなかった。復興の遅れを感じたが、取材した人たちの明るさと温かさが、強く印象に残っている。

その街には今、列車と駅が戻り、新しい商業施設も完成した。取材した人の前向きな努力が少しずつ実ってきたのだろう。女川の復興を聞くたびに、色鮮やかな宿泊施設と笑顔を思い出している。

（福本英司）

第七章　黴ニモ負ケズ　銹ニモ負ケズ　P.93

津波で被災した文化財の手当ては、山あいの廃校で今も続いている。取材当時、回収した文化財は約三十一万点とみられていたが、その後の精査で約四十六万点に及ぶことが判明。処理が終わったのは、まだ十六万点にとどまっている。

「残るのは処理が難しい物ばかり。まだまだですよ」。そう話しながら、熊谷さんの声には張りがある。「文化財の残らない復興は本当の復興ではない」。震災から5年。信念が揺らぐ気配はない。

（佐藤 航）

第八章 潮騒のホルモン P.107

「ミートよねくら」で取材中、作業着姿のおじさんがホルモンを買いに来た。聞けば土木工事の現場で焼くとか。私も行きたいと口にしてみたら、快く許してくれた。世界に開かれた港町で、気風がオープンだと言われる気仙沼。脂たっぷり、ニンニクの効いたホルモンもまた、見知らぬ人との壁を取り払うのに一役買っているのだろう。村岡医師や三浦記者も煙に巻かれながら、会ったばかりの私に町の未来を熱く語ってくれたのだった。

（日下部弘太）

第九章 故郷の海と生きる P.121

原発事故後、漁が規制されているためか、福島の魚は以前より増えているという。だが、漁師は思うように魚を捕れていない。風評被害が一因にあった。「結局、事故処理が終わるまで本格操業は無理。でも、それはいつなんだ」。現地で聞いた漁師の言葉は重い。

地元で食べたマガレイの煮付けは、脂が乗っていてうまかったが、それが消費者に届いていないのが残念。誰もがためらいなく、福島の魚を食べられる日が早く来てほしい。

（細井卓也）

第十章　キンちゃんとタロウの海　P.135

その後、キンちゃんは持病のひざ痛が悪化し、漁に出る回数も減った。新たな生計の道を求めて、昆布などの通販も始めた。暮らしは大変だが、断酒は続いている。記事が縁でアルコール問題の学会シンポに招かれ、励みになったという。

タロウは元気いっぱいで、寄る年波を感じさせない。一六年の元旦はキンちゃんと共に、浜の高台から初日の出を眺めた。

三陸の浜が活気を取り戻すことを、心から願っている。

（安藤明夫）

第十一章　紙の地図、心の地図　P.149

連載掲載から十カ月後に出張で訪れた岩手県釜石市。「呑ん兵衛横丁」に立ち寄ると、偶然にもトイレでゼンリンの下山紀夫さんに出くわした。

「聞く話が強烈すぎる。仕事にならん」。当初は打ちのめされながらも「おれが暗い顔をしたらだめだ」と奮い立たせてきた下山さん。街は復興途上だが、間もなく定年を迎える。大好きな日本酒を飲み、少し酔いながら「九州に帰るんだ」と発した言葉には、寂しさと悔しさがにじみ出ていた。

（戸川祐馬）

第十二章　壁新聞の先へ　P. 163

なぜ自分が—。当初、戸惑いを隠せなかった。

被災地取材の経験は一日だけ。震災直後の惨状はテレビ画面でしか知らない。ましてや壁新聞で世界的に称賛を浴びた同業者を取材するとなればなおさらだ。

興味本位と思われることが怖かった。言い聞かせたのは、「美談ではなく本音を書く」。掲載後、石巻日日新聞の報道部長から感想をいただいた。「みんなの壁新聞への思い、私も初めて知った」。ふっと心が軽くなった。

（中沢 誠）

第十三章　高田幹部交番の1280日　P. 179

取材のお礼に、掲載紙とお菓子を送った。名古屋名物のえびせんべい「ゆかり」。大事にしたい縁だった。

警察官だって人間だ。仲間や親族が流された人もいた。傷つきながら、遺志を継ぐ。素朴な言葉の端々からにじみ出る気概に、胸をうたれた。

しばらくして、返事が届いた。中身は岩手の銘菓「かもめの玉子」。思いは通じなかったか…と思って裏を見ると、「さいとう製菓」。ニヤリと笑う顔が、思い浮んだ。

（斎藤雄介）

第十四章　師走に祈る　P.193

取材した三つの寺はいずれも、かつての中心市街地を見渡せる一つの丘のふもとにある。震災の日、この丘に逃げ込んだ多くの人たちにとって、命を救われたと同時に、家族や住まいなどが津波によって奪われていく状況を見ているほかなかった場所でもある。

「寺の再建と同時に避難道を整備し、より早く丘に逃げ込めるようにしたい」と江岸寺の大萱生良寛住職。祈りの場が住民の安全を担う場となるよう誓う言葉が印象深かった。

（中尾　吟）

第十五章　つるの湯物語　P.207

杉山さんは一五年、目を手術して視力がかなり回復したという。「世の中が変わったみたい」。電話越しに明るい声を聞き、何度もつかったつるの湯の温かさを思い出した。

取材当時は、それほどよく見えていなかったに違いない。話せばいつも優しい言葉をかけてくれるが、今でも記者の顔を少しは覚えてくれているだろうか。忘れられないうちに、また行ってみよう。こんな顔だったの、とがっかりされないと良いのだが…。

（市川泰之）

第十六章　巡礼　あの人、あの街を想う　P.219

被災地を巡礼する人を探すのは想像以上に難しかった。巡礼とは亡くなった人を弔うこと。「多くの人はまだ死を受け入れていないんじゃないか」。取材対象者を探すため地元紙のデスクに相談すると、渋い顔をされた。

それでも伝手をいただき、数人の「巡礼者」にたどり着いた。そして悲しみや心のわだかまりに耳を傾けた。東北はこれからも、膨大な数に上った死者と向き合う。いまだ巡礼ができない人の多さを想像した。

（安福晋一郎）

第十七章　もしもし聞こえますか？　P.235

電話ボックスに入ると、静寂の中に自分だけがこの世界に存在しているような気持ちになる。電話口からは何も聞こえない。しかし、一方通行ではなかった。思い浮かべた人の声や顔を思い出す。がれきに埋もれた街は目に見える分だけ復旧具合が分かるが、傷ついた心はどうか。時間や金をかければ回復するわけではない。大切な人の存在をあらためて実感できる場所が「風の電話」だ。傷ついた人の「心の復興」を後押ししている。

（梅田歳晴）

第十八章　仮り暮らしの学びやで　P.251

福島県川俣町山木屋地区から避難した児童は学校では明るかった。でも不安を抱える親たちの姿も敏感に感じていたはずで、小さな心は揺れていたと思う。「悪いこと含めて子どもに正しく伝える」。そんな中で児童にまっすぐ向き合う先生たちの姿には、大きな優しさを感じた。掲載後、教育長から手紙が届いた。「自然豊かな山木屋に戻れるよう、できるだけの準備をするのが役目です」。本来の山木屋の姿が戻る日を私も待っている。

（並木智子）

第十九章　絆という名のパス　P.265

「バスケで福島を元気にする」。そう口にする時、選手は皆「普段は安易に言わない言葉だけど」と前置きした。郡山市街地に震災前と変わらない生活を取り戻した人がいる一方、郊外では県沿岸部からの避難者が仮設住宅で暮らす。

立場の違う人たちに言葉で正確に思いを伝えるのは難しいから、プレーに気持ちを乗せるのだろう。黙々と競技に打ち込む姿には「プロである以上結果で思いを届けるしかない」という覚悟がにじんでいた。

（浅井貴司）

第二十章　最後の学芸会
P. 279

「子どもの声が消えてしまうようで」。桜井邦夫さんのこの一言が忘れられない。閉校になれば、児童が歩いて集団登下校する光景はなくなる。桜井さんら島の人たちは、その姿を見るのが毎日の楽しみだった。最後の学芸会が開かれた体育館は、子どもたちの躍動を記憶に焼きつけたいと思う地域の人であふれた。その気持ちに応えるかのように、子どもたちは元気いっぱいだった。

閉校になっても宮戸島太鼓は地域で受け継がれる。きっとまた、子どもの声は島に響く。その時の島の人たちの笑顔に巡り合いたい。

（伊藤隆平）

第二十一章　祭りばやしが聞こえる
P. 293

みちのくは民俗芸能の宝庫。震災後、復活を遂げたのは村上の田植踊に限らない。「ふるさとの祭り」には二日間で二十団体が出演した。厄払いの獅子舞踊り。頭をかんでもらおうと、子どもたちは先を争い獅子舞に群がった。おかめとひょっとこの、少しエロチックなむつみ合い。大人たちは何とも言えない笑顔で見入っていた。

歌声もおはやしも、活字には乗せられない。込められた願い、祈りは、少しは届けられただろうか。

（安藤孝憲）

あとがき

東日本大震災から間もなく五年という二〇一六（平成二十八）年一月のある夜、岩手県釜石市の居酒屋の暖簾《のれん》をくぐった。一年前にこの店で知り合った地元テレビ局のカメラマンと、再会を約束していた。

のっけから、彼は切り出した。

「中日新聞さん、五年が過ぎても、被災地のこと、頼みますね」

その言葉には、「被災地を忘れないで」との思い。それともう一つ、「南海トラフ地震は必ず起きる。でも、被害は最小限に…」という願いが込められていた。彼は、震災で母親を亡くしていた。

この本のもとになった中日新聞連載「三（四、五）年目の被災地から」では、悲しみが癒えない中、一歩ずつ前に進もうとする東北の人たちの姿、思いを伝えてきた。

デスク作業は、ときに真夜中に及んだ。誰もいない編集局内で、現地から届いた若手、中堅記者たちの原稿を読みながら、何度、涙腺が緩んだことだろう。

読者の反響は小さくなかった。

震災で命を落とした家族や友人への手紙が送られてくる岩手県陸前高田市の「漂流

ポスト　３・11」には、新聞掲載後、名古屋市の女性から一通の手紙が届いた。不慮の事故で亡くなった父親にあてたものだった。

電話線はつながっていないが、亡くなった家族らへの思いを伝えに訪れる人が絶えない岩手県大槌町の「風の電話」には、愛知県の読者から、「何かに役立てて」と善意が寄せられたという。

「もう五年、まだ五年」。この一月、被災地を歩いて、あらためてそう感じた。見た目には復興が進みつつあっても、住民が元の暮らしを取り戻すのは、ずっと先のこと。それなのに、最近では「震災の風化」が言われる。件《くだん》の釜石のカメラマンは「風化、風化っていうけど、それこそ、マスコミが風化をつくっている」と話す。五年を一つの節目としながらも、これからも、私たちは伝え続けていかなければならない。

最後になりましたが、取材に協力してくださった方々に、心より御礼を申し上げます。

二〇一六（平成二十八）年三月

中日新聞編集局社会部

朝田憲祐

まちは しずかに あゆみだす

―3・11後の21章―

2016年3月11日　初版第一刷　発行

編　著　中日新聞編集局
帯　写真　内山田正夫（名古屋写真部）
表紙カバー写真　川柳晶寛（名古屋写真部）
ブックデザイン　クロックワークヴィレッジ
発行者　野嶋庸平
発行所　中日新聞社
住所　〒460-8511 名古屋市中区三の丸一丁目6番1号
電話　052-201-8811（大代表）
052-221-1714（出版部直通）
振替　00890-0-10番
ホームページ　http://www.chunichi.co.jp/nbook/
印　刷　長苗印刷株式会社

定価はカバーに表示してあります。
乱丁・落丁本はお取り替えいたします。

ISBN 978-4-8062-0703-0 C0036